実母《じつぼ》と義母《ぎぼ》

村井理子

集英社

目次

装画　樋口たつ乃
装丁　大久保伸子
本文ＤＴＰ　tripletta

実母と義母

義母のことが怖かった

義母はいつも、自宅で首を長くして私が訪ねてくるのを待っている。車を停め、スーパーで買い込んだ食料品の入った袋を手にし、玄関を開けて入っていくと、車の音に気づいた義母が急いで出迎えにくる。私の顔を見て、一瞬、困惑した表情をする。ヘルパーさんと間違えられる回数が増えてきたのだ。私が「お義母《かあ》さん、こんにちは。食事を持ってきましたよ」と声をかけると、はっと驚き、そして「ああ、あなただったの！　来てくれてうれしい！　やっと来てくれた」と笑顔を見せる。ずっと待っていたのよと、心から歓迎してくれる。そんな義母の表情を見るたびに、これは現実なのかと今でも信じられない思いだ。

食料品を冷蔵庫にすべてしまうと、義母とふたりで向かい合わせにダイニングテーブルに座り、近況を報告し合う。義母の話は脈絡がなく、ときには女子学生時代へ戻り、器械体操部で代表選手だった頃の練習の厳しさを訴える。次の瞬間には、立ち上がって居間のフローリングを平均台に見立てて、八十三歳とは思えない身軽さで運動してみせる。そうかと思うと、庭で黒い服を着た男性が歩いている姿を見てとても怖かったと眉をひそめたりする。近所のお城の壁に車が衝突して、何人も亡くなったから、私は車を手放して免許も自分から返納したんですと自慢げに言う。義母と会話をしていると飽きることがない。彼女の脳内で繰り広げられている世界が、幻視、幻聴、妄想の様子が、手に取るようにわかるからだ。私は何度も聞いた話に、驚いてみせる。まるでその時はじめて聞いたかのように。

「こんな変なことばかり起きるんやけど、私、何かおかしいやろか」と義母は心配そうに言う。

「おかしくないですよ。何せお義母さんは後期高齢者ですから、勘違いぐらいありますって」と、私は答える。すると義母は、ハハハと笑ったあとに、急に真面目な表情をして「ねえ、私って何人子どもがいたの？　ひとりだったかな……あなたは私の娘よねえ？」と聞く。私はそう聞かれるたびに、「娘というか……まあ、一応娘ですよ」と答える。すると義母は、ますます困惑した顔で、「子どもはあなただけだと思うんだけどねえ……」と言う。

「息子がいるじゃないですか！　私の夫ですよ！　お義母さんの息子。もう立派なおじさんだけど」と私が努めて明るく答えると、「あ、そうだった、あのおじさん、私の息子だったわ！」と義母は笑って答える。私と義母は、もう何十年も互いを知る友人のような関係になった。私たちの間で、年の差はなんの意味も持たなくなった。義母は昔の義母ではない。本当の彼女の姿に戻っている。

ふたりの母がはじめて出会ったのは、私の実家でのことだった。

義母はどうしても「あなたのお母さんとお兄さんに、直接ご挨拶に行く」と言って譲らなかった。「ご挨拶なしにお付き合いだなんて、うちの親族ではありえないことでしょう」と言う義母は、それまでにないほど頑《かたく》なだった。

「あなたはこれからうちの子になるんやし、それもあなたのお母様にしっかりとお伝えしないといけないから」という強い言葉に、私は衝撃を受けていた。

私が十九歳のときに死んだ父は、自分をしっかり持って生きていけと教えてくれた。信念を曲げるな。命令されても従うな。そう常に教えられてきた自分が、両親以外の誰かの子になるなんてありえないと考えた。義母は私を自分の所有物のように扱おうとしていると思い、怒りしか感じなかった。私は誰のものでもないのだ。

そうは思いながらも、彼女の強い言葉を否定できず、その勢いを止めることができない自分の弱さもわかっていた。義母のことが怖かった。義父は柔らかい口調ながらも、義母と主張は同じだった。絶対に私の実家に、私の母に会いに行くと言って、彼も譲らなかった。義父の場合は、そこに何か理由があるというわけではない。義母がそう言うならというだけのことだ。義父と義母は、常に行動をともにしていた。どこに行くにも一緒で、意見が食い違うところなど、それまで見たことがなかった。だからこそ、義父を説得するのは難しいのだ。義母を攻略できていないのだから、まず無理だ。そのうえ、私は義父がよく理解できない。私たちの言語はまったく別物だから、彼が私を理解することは永遠にないし、私も彼を理解することができないままでいる。きっと、彼は私を宇宙人だと思っている。

母が形式を重んじるタイプではなく、それをむしろ苦手としているのは、娘だから当然よく知っていた。親子だから、私も似ているところがある。特に彼女は、面倒なことが嫌いだった。兄と父との間で繰り広げられた激しい口論にさらされることを長年経験してきたのが理由で、父の死後、母はより自由を求めていた。しがらみ、ルール、人付き合い。そういったもののすべてに対して、彼女が興味を失っていることは知っていた。母はひたすら、静かな生活を望んでいた。そんな母のもとに、形式を何より重んじて生きる、主張の強い義理の両親がやってくる。

義母のように押しの強い女性を、母は苦手としていた。年齢は近いが、生きてきた環境があまりにも違う。義母は、結婚したら女は家庭に入って完璧に家事をこなし、ひとりでも多く子どもを産み育て、育児も完璧にこなし、片時も離れず夫のそばにいて支えるのが当然と考える人だった。一度私に、義父の両親が早く死んでしまったために、「介護をさせてもらえなかったことが、とても申し訳なくて、悲しい」と言っていたことがある。私には理解できない気持ちだった。義母は当然のように、私にもまったく同じ種類の妻になることを求めた。そんなことを言いはじめたら、一時間でも止まらないのだった。

一方、私の母は、あまり多くを語らない。もちろん、親しい友人や親戚とは明るく会話をするが、誰よりも自分が話をするタイプではない。どちらかと言えば、聞き役が得意な人だった。夫は母のそんなところが一番好きだったと言う。母は聞き役に徹しながら、話を自分なりに処理して、その後の付き合いをしていくようなところがあった。父を亡くしてからというもの、厳格だった父からの精神的重圧から解放され、母は楽しそうだった。主婦という鎧《よろい》を完全に脱ぎ去り、ひとりの女性として生きていた。家庭も、子どもも、しがらみも、当時の彼女にはなんの意味もなかっただろう。そんな彼女と、夫の両親を会わせなければならない。

結婚？　そんなもの、焦ってしなくていいわよと、電話口で母は言った。

「今すぐに結婚する必要ないわよ。あなた、まだ三十にもなっていないじゃない」と、母は祝福の言葉よりも先にそう言った。「だってあなた、まだ二十七でしょ？　また外国にでも行って、勉強したらいいじゃない。なんでそんなに急いで結婚することになったの？　まだまだ先でいいってこの前も言っていたじゃない？　あちらのご両親？　ああ、なるほどね……」。実家に夫の両親を連れていかなければならなくなったと打ち明けると、母はそう言って少し笑った。

「そんな厳しい人で、あなた、大丈夫？　あなたはすべてを言わないから相手もわからないだろうけど、気をつけたほうがいいわよ。一度嫌だと思ってしまったら最後、あなたはとことん嫌になる子だから。ぎりぎりまで我慢して、爆発して、そして決して許さない。そういうところ、パパに似てる。自分でもわかるでしょ？　親戚付き合いとかできるの？　こっちはパパも死んじゃってるし、兄ちゃんだっているし……」

母は兄の存在を心配しているようだった。「でも、兄ちゃんに内緒にはできないしなあ……」

私の五つ上の兄は、当時、母と祖母の住む実家に頻繁に顔を出していた。彼がそのとき仕事をしていたのか、それとも経済的に母に頼って暮らしていたのかはわからない。ただ彼が、私の結婚話に大興奮して、喜びまくってとんでもない大騒ぎだということは聞いていた。

「兄ちゃんに会わせたらダメなんじゃないの、それは」と私は暗い声で言った。兄はとにかく、当時の私と母の悩みの種だった。悪い人ではないのだが、定職に就かず、就いたとしてもすぐに喧嘩《けんか》をして辞めてしまい、結局実家に入り浸る。結婚はしていたが、家庭がうまくいっているのか、そうでないのかもよくわからない。いつも、大きな体を揺らし、肩で風を切るようにして歩いていた。神出鬼没《しんしゅつきぼつ》とは兄のような人のことを言うのだろうと、いつも思っていた。

「兄ちゃんのことだから何やるかわかんないよ。派手なスーツとか着てきちゃったり、髪の毛染めてきたりしてさ」と私が言うと、母は笑って「まあでも、あの子もうれしいんだよ。妹が結婚するかもしれないってなったんだから」と言った。私はため息をつきながら、「とにかく、ちょっといろいろあって、連れていくことになったから。申し訳ないけど適当に準備しといて」と母に伝えるしかなかった。

泣くんだよなあ、あの人。兄を思い出して考えた。涙もろくて、感激屋で、声が大きくて、空回りして、困って、笑って、どうしようもなくなって、めちゃくちゃにして逃げていく。あの兄を見たら、義父母はどう思うだろう。兄の姿を見て、チンピラだとでも思うかもしれない。

父がいたらなんと言うだろう。反対しただろうか。あの激しい性格だったら、一悶着《ひともんちゃく》あったかもしれないと少し愉快な気持ちになった。


この数か月前のことだ。夫と私は夫の実家に呼び出されていた。義母と義父から話があるというのだ。結婚のことだろうと見当はついた。とにかく、何度も何度も、早く結婚しろと夫の両親からは言われ続けていた。そのたびに、ハイハイと適当に流していたが、私にとってその執拗《しつよう》さは恐怖以外の何ものでもなかった。「なんなんだよ、めんどくさい」「いちいち呼ぶなよ」と、私たちは文句を垂れつつ、仕方なく、夫の実家に向かったのだった。

居間には義父母が難しい顔をして座っており、私たちも座るよう促された。用件はやはり結婚のことだった。当時、私たちは知り合ってからすでに数年が経過していて、私が住んでいた京都のマンションで半同棲のような暮らしをしていた。私たちにとって結婚はあまり大きな意味を持たず、現状維持で満足だった。それぞれが仕事を持ち、自由に暮らしていた。しかし義理の両親は、それでは満足できなかった。

義父が珍しく強い言葉で、世間体が悪いから早く結婚しろと言った。義母がヒステリックな声で、口を挟んだ。そんなやりとりがしばらく続き、温厚な夫が珍しく怒り、「うるさいなあ！」と義父を一喝《いっかつ》した。私はその大声に驚き、義父は温厚な息子に大きな声を出されたことにショックを受けた様子だった。しかし私がもっと驚いたのは、その次に起きたことだった。義母が猛然と立ち上がり、激高《げきこう》して、それまで座っていたダイニングチェアを両手で握りしめ、持ち上げようとしていたのだ。

当時二十代だった私は当然今よりも俊敏で、咄嗟《とっさ》に逃げた。義父は義母を止め、夫は驚きのあまり呆然《ぼうぜん》として立っていた。義母は怒り、泣き、夫と私に対して大声を出した。そして泣きながら別の部屋へ行ってしまった。私も夫も義父も、唖然《あぜん》として何も言えず、そのまま解散となった。私たちはそそくさと実家をあとにした。

一体あれはなんだったのか。考えれば考えるほど、これはまずい状況なのではと思わずにはいられなかった。夫は「距離を置くしかない」と言った。結婚については一旦置いておいて、とりあえず逃げるが勝ちだ。私と夫の団結は強まり、そして京都での物件探しが始まった。広めの家に引っ越しをしよう、職場の近くに住めばいい。とにかく、距離を置けばなんとかなるだろう。私たちも大人だから、親の言うことをすべて聞く必要なんてないのだ。

しかし、それも長くは続かなかった。義理の両親からのプレッシャーが増してきた。私たちと同居はしなくていいから、とにかく婚姻届だけは出しなさい、世間体が悪いから結婚しなさいと、あの手この手で責められ、説得され、私も夫もとうとう折れた。いずれは結婚するのだから、今のうちにしてしまえばいいだろう。それに、ふたりが根っからの悪人でないことはわかっていた。とにもかくにも世間体、それだけだ。彼らの人生のゴールは息子を結婚させること。そして自分たちが孫に囲まれ、幸せな余生を送ること。その夢を実現するためなら、なりふり構うことはない。

結局、私たちは和解した。私と夫が借りた一軒家にふたりを招待し、食事をした。借家にやってきた義父は家のなかを見回して何も言わなかったが、義母は「下水の臭いがきつい。だから同居すればいいって言ったのに」と怒り心頭で言っていた。私が作った料理にもあまり手をつけず、ふたりはあっという間に帰っていった。その席で、夫の両親が私の母と兄に会いに、実家に行くことが決まったのだった。

「こんな狭い家に来られても……」と、母は辛そうに言っていた。確かに、祖父母の代から多くの人が住んだ実家はボロボロで、私でさえ居心地がいいとは思えなかった。一方で、夫の実家は広かった。田舎ならではの造りで、居住空間はそう広くはなかったが、庭が広く、玄関が立派で、そのうえ、義母が主宰するお稽古事の教室が玄関脇に作られており、茶室まであった。茶室は実家のシンボルとも言えた。

「どうしてもと言ってくれているのなら、そうね、来てもらおうかな。一応、兄ちゃんにも言っておくね」と母は言った。心が痛んで仕方がなかった。私が母の立場であれば、来てほしいとは思わないだろう。近くのホテルで部屋でも借りて、そこで会食をすればいいとも考えたが、夫の両親は私が生まれ育った場所を見たいと言って譲らなかった。

夫も、好きにやらせればいい、満足したら黙るだろうと言いはじめた。しかし、義母の私に対する干渉には終わりがなかった。

「それであなた、当日は何を着るつもり？　いつもの汚いジーパン姿で行くわけじゃないやろね？」と何度も聞いてきた。義母は私とはじめて会った日からずっと、私の服装を批判していた。私からするとただのTシャツにジーンズなのだが、彼女からすれば、常識を知らない、身だしなみを整えることのできない若い女のだらしない服装だった。それが気に入らなくて、はっきりと口に出して指摘した。

「それからあなた、日に焼けてるわね。女は白くないとあかんのや。そんなに黒い顔をしていたら、嫁に仕事させる貧乏な家やと思われるやないの」

「髪をきれいにしなさいな。結うことができる長さにしないと、着物も着ることができないやないの」

「そう言えば着物は持ってるの？　持たせてもらわれへんかったんか？」

「着物はうちで用意するわ」
「私があなたを立派なレディにしてあげる」

私にとって義理の両親は、私にはじめて様々なことを強い言葉で無理強いした人たちだったが、それに一切従わない年下の人間（つまり私）に出会うのは、ふたりにとってもはじめてのことだったらしい。ふたりの戸惑いは私にも伝わってきた。なぜこの子は我々に従わないのだ。なぜこの子はこんなにも頑固なのだ。この子以外の人間は、全員我々に従うのに。

義父は和食料理人で多くの弟子を持ち、義母は妻として義父を支え、弟子の妻たちをまとめ、そして主宰するお稽古事の師匠として多くの生徒を抱えていた。そんな状況下で、ふたりの言葉は絶対だった。ふたりの自信は強固なものだった。多くの人たちがふたりにひれ伏さんばかりに従っていたように私には見えた。それまでの人生で、私は義理の母から言われたほど辛辣《しんらつ》な言葉を誰かから投げかけられたことは一度もない。夫は、紀州の人っていうのはそういうものだよと言うが、義母ほど激しい人は珍しい。

当時の私がこういった義母の激しい言葉や、義父の頑なな押しつけに屈していたかというと、それはまったく違う。義理の両親も相当なものだったが、今考えてみれば、私も相当に頑固だったと思う。私は絶対に折れなかったし、流されなかったし、不満ははっきりと顔に出して、そして口にも出して表明していた。ふたりに対する言葉遣いも丁寧だとはまったく言えなかった。生意気な小娘と言われても仕方がないような人間だった。仕事のある日に突然義母に生徒さんの集まりに呼び出され、何人もの女性たちの前で叱責されたこともある。呼び出されたのは一度や二度ではない。何度も、何度も、私が行く意味がない集まりに突然呼び出される。そのたびに、私はやりかけの仕事とノートパソコンを持って、バックパック姿で現れた。着物姿の女性たちのなかの、バックパック姿の女。それが私だった。

私の両親は、確かに多少変わっていて、家にあまり寄りつかず、それぞれが好き勝手に生きていたが、私のことは常に褒めちぎる人たちだった。わが家には互いを認める空気があった。冗談や誇張だとわかっていても、私を、可愛い、賢い、こんな田舎にはもったいないぐらいの子だと褒めちぎってうれしそうに笑っている両親が大好きだったし、今でも無駄に高い自己肯定感はこんな両親のおかげだと思っている。厳しい言葉をかけられた記憶がない。私の周囲にはそのような大人はいなかった。だからこそ、義理の両親の強い押しつけと言葉には驚く以外なかった。

夫からは、「ふたりの話は聞かなくていい」と言われていた。「しつこいけど、無視でいい」とも。私が「よく今まで無事だったね」と言うと、夫は「だって俺、ふたりの話なんて聞いたことないもん。聞いてるフリして全部右から左や。気にしたら負け。無視でいい、無視で」と言うのだった。

そう言われてみると確かに、義母と義父の話を真剣に聞く夫の姿を見たことがなかった。食事の席では一方的に、終わりのない話をし続ける義母を、誰の話題も最終的には自分の教室でのあれこれに結びつける義母の話を、「ふうん」と適当に答えながら、一切、聞いていないのは明らかだった。ふんふんと頷《うなず》き、なるほど～と言いつつ、質問をしないどころか、なんの興味も示さない。私のように、一応聞いて、そしてイライラする人よりよっぽど強い。なるほど、そうやってサバイバルしてきたのだなと理解するに至った。今に至ってもそうなのだが、私は夫のメンタルの強さに勝てる気がしない。

私の母は、この夫のあっけらかんとした強さが大好きだった。はじめて夫を実家に連れていった日の夜、電話をかけてきた母はうれしそうにこう言った。

「いい人見つけたじゃない！　あんなに穏やかで、あっけらかんとして、心が広い人もあまりいないわよ。こんなこと言っちゃなんだけど、噂《うわさ》のすごいお義母さんから生まれたとはちょっと思えないよね」と何度も言って、アハハとうれしそうに笑っていた。

夫については、兄も同じ意見だった。「あんなにいい人、めったにいないぞ！　親父《おやじ》みたいに短気なやつだったらどうしようかと思ったけど、すごくいい人じゃないか。のんびりしている人のほうがいい。まあ、かあちゃんから聞くと相当きつそうなお義母さんだっていうけど、お前もずうずうしいタイプだから大丈夫だろ。また面白い話を聞かせろよ。何かあったら電話してこい。お前の話はいつでも聞いてやる。面白い話にしてくれよ」と言って大笑いしていた。

実家に、母、私、夫、夫の両親が集まった。兄がこんな（彼にとっては）面白いチャンスを逃すわけがなく、いつの間にか実家に来ており、うれしそうに二階の部屋にやってきた。大きな声で「どうもどうもはじめまして！　こいつの兄です！　ワハハハ」と笑った。兄の髪は金色に染められていた。薄紫のダブルのスーツに金髪がよく映えていた。

兄は母を押しのけるようにして張り切り、大声で笑い、場違いな発言をし、驚く夫の両親の表情を観察してはニヤリと笑っていた。こいつは子どもの頃からわがままなやつで……なんて、ありきたりな昔話をし、ひとりでしゃべりまくっていた。

母は静かに、これまでの私たち家族のこと、父が亡くなったこと、体の不自由な叔父がいること、私が子どもの頃から病気がちだったことを話していた。

会食はあっという間に終わり、私と夫、そして義理の両親は車で実家をあとにした。私は気が重かった。母が気の毒だった。母が見せつけられたものを考え、辛くなった。母は五十代後半ですでに未亡人で、古ぼけた実家に祖母と体の不自由な叔父と暮らしていた。慎ましやかな生活で、派手なところはひとつもなかった。その静かな空間に、和服姿の義母がやってきたのだ。娘である私に仕立ててあげたという着物を着せ、この子は確かにうちにいただきますと言われた母の気持ちはどのようなものだっただろう。母は何も言わなかったけれど、辛い思いをしていたと思う。

私は兄に対しても申し訳なく思っていた。兄は私の想像以上に、いろいろな事前準備をして、部屋を片付けてくれ、真面目な表情で妹を頼みますと両親に頭を下げていた（金髪だったが）。あんな兄ははじめて見た。

後日、義母は兄が出したお茶について、教室の生徒さんの前で笑い話にしていた。あんなお茶を出してくる人、はじめて見たわ。知らないから勉強したんやろけど、全然あかんかったわ。

それなのに、義母は私の母に対して、最初から好意を抱いていた。これは私には驚きだった。義母は母を褒めちぎり、「友達になりたい」と何度も言った。それは私に気を遣って言っているのではなく、本当に母のことが好きになったようだった。もっとお話しできればよかった、あなたのことをもっと聞いてみればよかった、もっと彼女の人生を聞いてみたかった。もしよかったらこちらにも遊びに来て下さいと頼んでおいてね……そんなことを義母から言われ、私は戸惑った。母に会ってからというもの、義母の私に対する視線がまったく変わったのを感じていた。

義母が母に頻繁に電話をしていることを知ったのは、実家に義父母を連れていってから数か月後のことだった。

結婚式をめぐる嫁姑の一騎打ち

母が晩年暮らした古びた家の処分について、従姉妹《いとこ》（母の一番下の妹の次女）とやりとりする日々が続いている。私の記憶にある彼女は、素直で明るく、それでも控えめな小学生の姿だ。今は一児の母となった彼女は、数年前に亡くなった祖母名義のままでひっそりと建つ、私の実家とも言える古びた家にまつわるややこしい手続きを、孤軍奮闘して進めてくれている。母の死、兄の死、兄が住んでいたアパートの部屋の片付けで心身ともに疲弊してしまった私は、ここ数年はそれまで以上に故郷と距離を置いてきた。私はもう、あの場所に戻ってはいけないと頑なに信じていた。誰も住んでいない家があの地にあるとはわかっていたけれど、それでも、しばらくの間は考えたくはなかった。

母が末期癌《がん》であるとわかったとき、まだ子どもが幼く、遠方に住んでいた私が頼ったのは、母と同じ町に住む叔母であり、従姉妹たちだった。母の変わり果てた姿を直視することができず、母の運命を受け入れることができなかった。私にとって母は、必ずどこかで生きてくれている存在で、私が何をやろうとも、たとえ罪を犯してしまったとしても、どんな私であっても、必ず両手を広げて受け入れてくれる、地球上でたったひとりの人だった。仲違《なかたが》いをして連絡を取り合わない時期が長く続いていたにもかかわらず、私にとって母は、常にそんな存在だった。そう思えるような幼少期を母とは過ごしてきたし、母は私を精一杯育ててくれた。父が死に、貧困に喘《あえ》ぐことがなかったら、私との関係が崩れることはなかっただろう。

死に直面する母の現実から逃げたのは私だけではなかった。兄も、母が末期癌だと知ると突然東北への移住を決め、母を故郷に置き去りにした。子どもが小さかったこと、体調が悪かったこともあり、母がひとり暮らしをしている家になかなか戻ることができない私に、とある親戚から長いメールが届いたことがある。娘であれば、子どもを引き連れてでも帰省し、あの家に住み、自分の親の面倒を見るのが常識ですとあった。親戚に押しつけるのは間違いです、親戚はあなたに怒っていますとも書かれていた。このメールがきっかけとなって、余計に母のもとに帰るのが苦痛になってしまった。私のことを嫌っている人たちが住む故郷はどんどん遠くなり、二度と戻ることができない地となった。

そんな私のもとに、最近になってぽつりぽつりと、数名の親戚から連絡が入りはじめ、紆余曲折《うよきょくせつ》あり、結局、家の処分や母方の墓のこれからについて、私も話し合いに参加して、なんらかのアクションを起こさねばなるまいとようやく理解した。家屋の処分については、まずは誰かが祖母名義の家を相続しなければ手をつけることができない。それでは誰が相続するのか、話はここからになる。嫌いだとか好きだとか、そんな子どもじみたことを言っている場合ではないのだ。

故郷のことを考えると、私はどうしても子ども時代の自分に戻ってしまう。あの場所では、私は無力なひとりの子どもだったし、今でもその気分が抜け切れていない。だから、あそこで起きることはほとんどすべて、大人がどうにかしてくれるものだと自動的に考えてしまう。でも、よくよく考えてみれば、私自身もすでに立派な大人であって、大人であれば当然参加すべき話し合いというだけのことなのに、ここに辿《たど》りつくまでにずいぶん長い時間がかかってしまった。

すでに故郷を離れた私は、これからは遠方からでも協力を惜しまず、積極的に関与することしかできないが、私自身の原家族が誰もいなくなった今になって、細々と繋《つな》がりはじめた故郷との縁が、温かく、優しいものであったことに救われる思いでいる。あれだけ嫌だった暗い港町が、美しい海と、その向こうに凛と佇む富士山という唯一無二の景色を湛《たた》えた町だと思えてきたのは不思議なことだ。

古い家の処分をめぐる話し合いの過程で、私の想像の何倍も大人の女性に成長していた従姉妹は、今までずっと故郷を離れず、家族の近くで暮らし続けてきたことを知った。住まいは私の母の家とも近く、実の娘の私よりも母の暮らしぶりを知っているのではないかと思う。私と母の関係がバランスを崩し、音信不通になったときでさえ、母の近くに住み、時折母の店に立ち寄っては交流を続けてくれていたのは彼女や彼女の姉妹たちだ。母はもしかしたら、仲違いした実の娘のことを考えながら、彼女たちとの気が置けない関係に癒やしを得ていたのかもしれない。私がそう言うと従姉妹は、「あっちゃんは、私たち家族にとても良くしてくれたから、感謝しているんだよ」と言った。店でアルバイトをしていた時期もあるという彼女が、昭子《あきこ》という名の母を「あっちゃん」と呼ぶたびに、娘の私ができなかった親孝行を彼女がしてくれていたのだろうと想像し、安堵《あんど》する。母は従姉妹に、私の双子の息子たちの写真を何度も見せ、可愛いでしょと自慢をしていたそうだ。琵琶湖の近くの、素敵な場所に住んでいるのよと言っていたらしい。母がそんなことを言っていたとは、想像もしていなかった。

母が亡くなり七年という月日が経ち、古い家の処分を親戚と話し合う過程で、少しずつ、母の様子を聞くことができるようになった。様々なエピソードは、仲違いしている間も、母が決して私を忘れていなかったことを物語っていた。

　私が最もショックを受けたのが、母が病床に臥《ふ》している、ある日の病室での出来事だ。従姉妹と叔母が母を見舞いに行ったその日、従姉妹は病室に母と叔母を残して廊下で待っていた。すると部屋から姉妹のすすり泣きと、「私を抱きしめてほしい」という母の声が聞こえてきたというのだ。

　その場面を想像すればするほど、ショックで、悲しかった。父が亡くなった病室の、すぐ近くの病室にいた母のもとに、重い足を引きずるようにして通っていた私は、母の手を握ることもできなかった。亡くなる一週間ほど前、母は、カーテンを開けたまま突っ立っている私に、枯れ枝のようになった手で、こっちへおいでと促した。私は、少しだけ笑って、その手招きに気づかないふりをして、またすぐに戻るよと声をかけて、廊下に逃げ出した。母の目には涙がたまっていた。どうしても怖かった。母が死んでしまうことが、この世にいなくなってしまうことが。

　なぜ私は母を抱きしめてあげることができなかったのだろう。今になって後悔しても遅いのだが、そう考え続けている。

義母と実母が初対面を果たしてから、義母の私に対する口調や態度が変化したのを感じていた。私をひとりの人間として尊重してくれるようになったとでも言えるだろうか。それまで義母は、例えば服装や髪型、食べ物の好き嫌いに至るまで、すべてを根本から変え、私を土台として「理想の嫁」を作り上げることに必死になっていた（ある意味怨念を燃やしていたとも言える）。しかし突然、彼女が大きく方針転換したのは、実母と対面し、自分とはかけ離れた生き方を選んだ女性から生まれた娘である私を、自分のレプリカに作り替えることは不可能と気づいたからなのかもしれない。彼女が実母に対して一方的に抱いていた人物像が、実際に会うとまったく違うものだったのも大きかっただろう。義母にとってシングルマザーとは、夫に先立たれたという状況であったとしても、女の生き方を優先し、家庭を離脱し、勝手気ままに生きる女性、あるいは哀れな女性というイメージだった。それは彼女の発言からも明らかだった。実母に会う前は、私が好んで食べているものを見ては、「母親の愛情を受けてないからそんなものを食べるんやね」と言って憚《はばか》らなかった。私が酒に強いと知ると、「実家が飲み屋だから」とも言った。「貧乏やったん？」という、直球の質問をされたこともある。私はただ、その想像力の逞《たくま》しさに感嘆するしかなかったわけだが、実母と対面してからというもの、義母はそんな発言を一切しないようになった。代わりに、義母は実母を褒め称《たた》えた。

あんなに素敵な方だったとは知らなかった！
落ちついていて、静かな語り口調が素敵。服装も本当におしゃれ。
彼女と比べて、自分が恥ずかしくなってしまった。
あんな方に育てられたのね。それだったら安心だわ。

私は唖然とした。母は確かに義母の前では静かに語る人を見事に演じていたが、普段はそうおしとやかなタイプではない。本を何より愛している人だったので、寡黙なイメージは確かにあったが、ひとたび話しはじめるとよく笑って冗談を言い、お酒が入れば明るく楽しい時間を過ごす人だった。服装にはこだわりがあって、私が子どもの頃から、母はとんでもない衣装持ちだった。しかし、田舎の港町に住む、私からすれば平凡な母のどこがそんなに素敵なのだろう。確かに、義母に比べれば母は落ちついていると言えばそうだけど……。

一方で母は私に「お義母さんって明るい人だね」と言って笑っていた。もちろん、そこには軽い皮肉が混じっていた。「私が話さなくてもずっと話してくれて、楽だったわ」とも言った。「お義父《とう》さんなんてひとことも話すチャンスなかったよね。あれだけしゃべることができたら、そりゃあお稽古事の教室も繁盛するわ」と感心していた。兄は私に「すごいマシンガントークだな。関西のおばちゃんって全員ああいう感じ？」と笑いながら言っていた。私は「あんなにしゃべる人は関西でも珍しいわ」と返した。

しかし母は、こうも言っていた。「余裕がありそうでうらやましい。お義父さんが働いて給料を持ってきてくれるんだし、ずっと家にいて、お稽古事の教室をやって、生徒さんたちとお出かけして、外食して、旅行して……。私はそんなこと、一度だってしたことないから」

義母は実母に会ってからというもの、本当に彼女のことが好きになったようだった。金曜の夜になると母に電話をかけ、そしてなんと、母も義母に電話をかけて近況報告するという、よくわからない友情関係を結びはじめたふたりを遠目に見ながら、私も夫も、何か不気味なことが起きているのではと疑った。しかし、ふたりの大人の女性が結んだ友情は、私の目から見ても微笑ましく、また、義母が私を受け入れるきっかけにもなっていたと思う。だからと言って、私と夫に対する義母の干渉が終わったわけではなかった。いやむしろ、以前よりも熱を帯び、そして真っ直ぐ私たちへと向けられるようになった。結婚を約束させることに成功した義母が次に目指したのは、実際の結婚と、結婚式だった。

結婚式に関しては、私も、私の母も、珍しいぐらい興味がないタイプで、考えるだけで面倒だった。母に電話をして、「やっぱり結婚式やるんだって。もう式場まで決めちゃってるよ、お義母さん」と愚痴を言うと、「すごいパワーだねえ」と、母はしきりに感心していた。私は感心している場合ではなかった。義母が次々と決めてしまう結婚式の内容を確認すればするほど、「無理」という言葉が頭をよぎった。義母も義父も、本当に、本当に、この世に溢《あふ》れる「こうすべし」に一〇〇%従わないと気が済まない人たちで、それは披露宴のお色直しの回数から、ウェディングケーキの高さ、挨拶状の文面、結婚をお知らせする写真入りの葉書などなど、私が命をかけて阻止したいものごとすべてを、完璧にやり遂げると誓ってブルドーザーのように動く人たちだったのだ。

ある日、夫の実家に呼び出された私と夫が、今から行きなさいと命じられたのは、義父母が決めたホテルで開かれるウェディングフェアのような催しだった。そこで私たちが決めなければならないのは、ウェディングドレスと披露宴の食事内容、そして引き出物だった。今思い出しただけでも軽く気絶しそうになるが、私はこの経験が、今まで生きてきたなかでもトップ5に入るトラウマである。私が普通じゃないのは理解している。しかし、私は当時であっても、結婚式も披露宴も、ましてや引き出物になど、一ミリの興味もなかった。母とも電話で「結婚式って言っても、今どきそんな面倒くさいことやる？　食事会とかで十分じゃない？　ほら、ホテルのレストランとか借り切って、友達と飲んだくれればいいんじゃない？」などと話していた。夫にも「今どき、そんな面倒くさいことやってお金使う必要ある？」と何度も言っていた。夫は、「面倒くさいなあ。でも……」と答えたのだった。この、「でも……」の向こうに義母の顔が浮かんでは消えた。


「やっぱりお義母さん？」

「そりゃそうやろ」

「まあ、確かに……」

「ここは親孝行だと思って我慢してくれ」

「ええ～……」


という会話が何度か繰り返され、あの手この手で義母が勝手に決めてくるドレスや着物や引き出物を却下し、なるべく小規模の式で済ませようとしていたのだが、義母は絶対に諦めない人だった。お色直しは三回、ケーキは大きなもの、そして一番大事なのは「両親への感謝の手紙」だとして譲らなかった。

たび重なる電話攻撃に根負けして、渋々、私と夫は、そのホテルで開催されたウェディングフェアに行ったのである。私は見事に三分で飽きてしまい、ロビーで座って一服していた。夫はホテルのレストランに設置されていた大きな水槽で泳ぐ魚を見にいっていた。するといホテルの入り口に、大慌てで建物内に入ってくる人物が見えたのだ。レースのハンカチでひっきりなしに額の汗を拭くその人は、義母だった。

私は慌ててタバコの火を消して、夫のいる水槽まで走った。義母が来ていることを告げると、夫はギエッ！　と声にならない声を上げて、動きを止めた。

「どうする⁉」と聞くと、

「どうするも何も、行くしかないやろ」と夫は力なく言い、私たちを捜してホテルロビーを歩き回っている義母を大理石の柱の陰から覗き見て、覚悟を決めたようだった。

夫のことがとても気の毒になった。よくぞここまでややこしい親と、今まで暮らしてきたものだと、ご苦労様というういたわりの心まで出てきた。私の両親は、今では親となった私から見れば、大胆だと思えるほど私に自由を与えていた。あれをしなさい、これをしなさいと言われた記憶はほとんどない。もしかしたらふたりの誘導の仕方が巧みだったのかもしれない。とにかく、何かを両親から強要された記憶が私には一切ないから、ホテルまで追いかけてくるという義母の行動は理解ができなかったし、恐怖でしかなかった。これは、私たちのためを思っての行動ではなく、彼女の親としてのプライドを守るための行動であることは間違いなかった。

義母と合流した私たちは、ドレス、料理、そして引き出物に至るまで、一旦選んだものはすべて却下され、義母の指定するものに変更を迫られるという地獄を味わった。ドレスのフィッティング会場では、周囲の女性たちが引くほど、自分の選んだドレスを私に着せようと大きな声を出す義母と、それを絶対に嫌だと岩のように頑固に拒否する私の一騎打ちが延々と繰り広げられることになった。その一騎打ちは、次はレストランで、そしてレストランのあとは引き出物が展示されている会場で繰り返され、双方、体力を限界まで使っての戦いは、私の粘り勝ちで終了した。ここは根性というよりも若さが勝ったと分析している。

最終的に、引き出物は二種類用意された。私と夫が選んだもの、そして義母が選んだものである。夫の親戚には私と夫が選んだ引き出物は渡されることはなく、私と夫が選んだものは、私たちの友人、知人、そして私の親戚に配られることになった。どちらかが譲ればいいものを、義母と私の戦いはここでも火花を散らしたままであった。義母がこだわりにこだわったドレスや着物は、申し訳ないがすべて断った。最終的には自分が選んだものを着たが、ここまで揉めた結婚式で着たものや撮影された写真に私が興味を抱くわけがなく（頑固だから）、すべて捨ててしまった。義母も義母だが、私も私である。

母は、揉めに揉めた結婚式の準備を遠目に見ては心配していた。仲良くなったはずの義母が、そこまで強烈にすべてを仕切るとは夢にも思っていなかったそうだ。私が愚痴を言えば言うほど、戻ってきてもいいのよと母は言った。母がそう言ってくれるので、私はすべて笑い話にすることができた。結婚式にまつわる義母のエピソードがあまりにも強烈すぎて、私の友人たちは指折り数えるようにして結婚式を待っていた。楽しみで仕方ないようだった。

結婚式当日、義母はこれ以上ないほど上機嫌だった。母も、義母の近くの席に座り、楽しそうに会話をしていた。兄は親族席で早い段階で泥酔し、そして式の途中ですでに号泣していた。私が頑なに「両親への感謝の手紙」を拒否したことを知った兄が（ちなみに、「両親への感謝の手紙」は、どうしてもと粘られて一度書いたのだが、ウェディングプランナーに何度も書き直しを命じられ、途中で嫌になってやめた）、「お前、そんな失礼なこと、よくやったな。相手のご両親に対して申し訳なさすぎてたまらないから、感謝の言葉を述べる」と言い、泥酔した状態でマイクを握り、号泣しながら大声で言った。

「親父を早くに亡くしましたんで、こんなわがままな妹に育ってしまいましたッ！　申し訳ありませんッ！　ありがとうございましたああ！」

何がわがままな妹だよ、冗談じゃないよと思った。

私にとっては苦行としか言いようのない結婚式はこうして終了し、私はドレスを素早く脱ぎ捨てて、友人たちと二次会会場へ急いでいた。浴びるように飲んで泥酔する準備はできていた。ホテルの部屋の前で、着替えを済ませて友人と話す私を見つけた母が、心配そうな表情で近づいてきて言った。

「好きなように選ぶことができないなんて、あなたも大変だけれど、彼女の夢だったんでしょうから、許してあげなさい。娘が欲しかったんでしょうから」

そう言う母は、ホテルで借りた留め袖姿で静かに立っていた。兄は泥酔してホテルの部屋ですでに倒れていた。義母は披露宴で飲んですっかりできあがっており、母を目ざとく見つけると真っ赤な顔で走りより、「あっこさん、今からカラオケに行こうよ！　いいでしょ、ようやく結婚してくれたんだから、今日ぐらいは楽しくやってもええやんか！」と言っていた。母は、曖昧に笑いつつ、「そうですね〜」と答えていた。母らしい。

義母に手を引かれながら、留め袖姿の母はカラオケ会場に消えていった。母はカラオケが大嫌いだったが、カラオケが何より好きな義母の誘いに乗ることで、頑固な娘の非礼を詫びる思いだったのだろうと想像している。

こんなゴタゴタを思い出すたびに、今はなんて平和なんだろうと思う。義父や義母からの干渉はまったくなくなり、朝から晩まで鳴り続ける電話に悩まされることもなくなった。母から突然かかってくるお金を無心する電話も、酔っぱらった兄からかかってくる夜中の電話も、その泣き声も、今はまったく聞くことがない。なんて穏やかな日々なんだろう。

それでもやはり、義父や義母の介護をしながら時折居心地の悪い気持ちになることがある。実母に対して何もしてあげられなかったのに、あれだけ長年私を悩ませた義父母の介護をするなんて、これ以上の皮肉はあるだろうか。何度も何度も衝突し、干渉され、先回りをされ、批判された日々が、認知症のスタートとともにすべて無効化されることの不思議を考える。それであれば、母が認知症になったときに、なぜ私は彼女との過去の確執を乗り越えることができなかったのだろう。義母から受けた干渉に比べれば、母との衝突なんて些細なことだったというのに。

父と正反対のタイプだった母の最後の恋人

四年前、義父が脳梗塞で倒れたその日は、私にとって義母が別人となってしまった日だった。当時、夫の実家はその一部を客室として利用し、和食料理店を営んでいた。一日一客限定で、和食料理人だった義父の料理を振る舞っていたのだ。田舎のうえに、あまり料理店のない土地柄もあって、お食い初めや誕生会といった特別な席での利用が多く、繁盛していた。当時、実家には常に三名の女性アルバイトが交代で通っており、配膳や掃除などの手伝いをしてくれていた。義母は、和食料理店主人の妻という立場で客を迎え入れ、最後にはお茶と和菓子を出して挨拶することを自分の仕事だと考えていたはずだ。いつもびしっと着物を着ていた。事務作業が得意だった義母は、予約の管理や会計、帳簿に至るまで、すべてひとりでこなしていた。

アルバイトの女性は年齢が様々で、一番上でひょうきんなミカさんが七十代、しっかり者のミヨさんが六十代後半、一番若く、何ごとにもよく気がつくケイちゃんが三十代半ばだった。三人とも働き者で、義母のクセの強さをよく理解したうえで、上手に付き合ってくれていたと思う。私も、義母には幾度となく店の手伝いをするように言われていたが、一度として応じたことはなかった。実は学生時代、京都祇園《ぎおん》の割烹《かっぽう》で数年働いた経験があったのだが、アルバイトの女性三人の姿を見るたびに、ここに私が入ることですべてが台無しになると確信したからだ。それに、私には本職があるのだ。当時の私はようやく仕事が軌道に乗りはじめた翻訳家として、自分の仕事に一生懸命だったし、子どももまだ幼く、どちらかと言えば私が手伝ってもらいたいような暮らしだった。夫の実家の家業とはいえ、私に働きに行く時間の余裕はなかった。義母は不満そうだったが、時折会うアルバイト三人組はいつも私に、大丈夫よ、あなたはあなたの仕事をやって、私たちがここを切り盛りするからと、力強く言ってくれた。だから私は彼女たちを信頼し、会えば笑顔で会話し、プレゼントをし合い、なんでも話し合う関係となった。

ある日、実家に立ち寄った私とばったり出くわした仕事中のミカさんが、深刻な顔をして、私を廊下の隅に引っ張っていった。

「こんなこと言うの、どうかと思うんだけど……」と小声で囁《ささや》きつつ、どうしても私に伝えなければという気迫とともに、「奥さんがおかしいんや」と口にした。

「ここ数か月だと思うんだけど、話していることの辻褄《つじつま》が合わないし、お仕事の内容も忘れていると思う。あんたも気づいてるやろ？」と付け加えた。確かに、私も気づいてはいた。「そうですね、確かに」と私は答えた。「それやったら、なるべく早くに病院に行ったほうがいいと思う。親父さん（義父のこと）はわかってないと思う。仕事のことは私たちに任せてくれたらいいから、早く病院に連れていってあげて」

義母はミカさんが私に忠告してくれたこのときの数か月前から、徐々に変わってきていた。私たちの誰ひとりとしてそれを認知症の初期症状だとは見抜けなかったわけだが、義母は誰に対しても攻撃的になり、歯に衣着《きぬき》せぬもの言いで、その人の容姿や仕事ぶりを批判するようになった。また、お稽古事の教室でも、道具の場所がわからなくなってしまうなどのちょっとしたミスが増えたと人づてに聞いた。お稽古事に使う道具が無くなってしまったと一日中捜し回り、クタクタになった頃に、盗まれたのではと疑いはじめる。その犯人候補にはもちろん私も入っていて、幾度となく、その行方を尋ねられた。私はのんきに「そんなの知るわけないじゃないですか〜」と笑いながら答えていたが、これこそまさに認知症の物盗《と》られ妄想だったのかと、少しあとになって気づくことになる。

和食料理店の仕事に支障が出はじめるほど義母の症状が強くなったきっかけは、お客さんに、会計が税抜きなのか、税込みなのかと尋ねられたことだった。達筆な義母はお品書きを毎朝丁寧に筆で書いていたが（これが本当に見事だった）、そのお品書きに「当店は税込み価格です。お電話で確認済みです」と書かれていたときは、思わず、「これいらないんとちゃいます？」と声をかけた。予約の電話が入ると、神経質に「うちは税込み価格ですよ。税抜きにしたいのならば、最初から言って下さい」などと、付け加えるようにもなっていた。私は「税抜きか税込みかなんて気にする人います？　そんなの言わないほうがいいんじゃないかな」と義母にやんわりと助言しつつ、絶対に首を縦に振らないこの頑なさは一体なんなのだと不思議だった。アルバイトの女性三人も、しきりと首をひねっていた。これに関しては、夫と義母は大喧嘩もしている。

これはただごとではないと思ったのは、義母の変化をミカさんから聞かされた数か月後に起きたとある事件だった。週末になると、朝九時ぴったりに義父からわが家に電話がかかってくる。これは、わが家の「週末の悪夢」と呼ばれていた。隙あらばわが家にやってきて、孫に会いたがる義父は、こちらが嫌がっているのも気にせず、何度でも電話をかけてくる。かけてくるのはまだいいほうで、勝手にやってくることも多かった。こちらのスケジュールは考慮しないから、私たちが外出中にいきなりやってきて家の前で待っていることもあったし、私がひとりで仕事をしているときでさえふらりとやってくるし（もちろん鍵は開けなかったが)、平和な週末の朝でも、平気で何度も電話をかけてくるのだ。私も夫も固定電話の着信音が鳴ると気分が落ち込むので、何年も着信音を切っていた。

それでもしつこく電話が来るので、実家の電話番号が表示されると、応対するのはじゃんけんで決めていた。私が出れば、来訪を断る成功率は一〇〇%だが、夫は実の親に頼まれると断り切れず、来訪を許してしまう。そうやって許してしまえば、貴重な週末の一日は台無しになる。ただただ、孫に会いたい義父と義母は車でやってきて、何時間でもわが家にいた。そんなとき私は諦めて、すぐさま仕事をしはじめた。このとき鍛えられたおかげで、居間にある仕事場の近くに誰がいようとも、どれだけ騒ごうとも、どれだけ腹が立つ状況であっても、仕事に集中するという高度なテクニックを身につけることができた。

この日も、やっぱり朝一番に義父から陰気な電話がかかってきた。どうしてもそちらに行きたいという暗い声に、電話に出た夫がとうとう激怒した。「いい加減にしてくれ! こっちだって仕事で疲れてるんや! 朝っぱらから、勘弁してくれ!」と大声で言った。私は、しめしめと思って、笑いをかみ殺していた。夫もようやく成長してくれたなとうれしかったのだ。いい年をして、親の言いなりってのもなあ……と思っていたこの三十分後、義母の運転する車がわが家の庭に停まった。夫は真っ青になった。私は「はじまるぞ」と思った。ふたりはこのようにして、断っても無理矢理わが家に来るようになっていたのだ。

家に入ってきたふたりに「断ったやろ！」と激怒したのは夫だった。すると、重々状況を理解している義父は、うつむきながら、「ちょっとだけやったらええと思って」と答えた。「なんで自分たちふたりの生活を楽しむことができないんや。なんでそんなに依存体質なんや」と、夫は困り果てた様子で義父に言った。うなだれていた義父だったが、義母は、真っ赤な顔をして、「親に向かってその態度はなんや！」と激怒した。「こんな家、二度と来るか！」と言うと、荷物を乱暴にまとめて（途中、スーパーに立ち寄って食材を買い込んでいた）車に乗り込んだ。義父は慌ててそのあとを追い、車に乗り込んだ。夫は、慌てた義父が忘れていった買い物袋を手渡そうと車に近寄ったが、その瞬間に義母がアクセルを踏み、次の瞬間、急ブレーキを踏んだ。そして今度はギアを入れ替えて、猛スピードでバックした。夫はもう少しで轢《ひ》かれるところだった。

結局、義母はわが家の庭から車を出すのに五分以上もかかってハンドルを切り続け、砂《すな》埃《ぼこり》をまき散らして、ようやく方向転換すると、猛スピードでどこかへ行ってしまった。私と夫は、このときはじめて、義母の認知症の可能性を、うっすらではあったけれど認識したように思う。とにかく、どっと疲れて、啞然とした。

そしてこの翌日、義母は何ごともなかったかのように電話をしてきた。「昨日、大丈夫でした？」と恐る恐る聞く私に、義母は「昨日ってなんのこと？」と答えた。このときも疑問には思ったが、認知症には直接結びつかなかった。何しろ義母はこのときも、まったく普通に日常生活を営んでいたからだ。ほんの一瞬、何かが狂うことはあった。しかし、それ以外があまりにも普通というよりもむしろ優秀だから、その異様さが上手にブレンドされていってしまうのだ。義母はこのあと、自損事故を数回起こした。わが家の門柱には、今でも義母の車が擦《こす》ったあとがいくつか残っている。運転免許証を返納してもらうための、全力の説得がここから一年続くことになった。

さて、四年前、義父が倒れた日に戻る。その日、店は数名の客を昼時に迎える予定となっていた。アルバイトに来てくれていたのは若手のケイちゃんで、義父も義母も彼女が一番のお気に入りだった。そのケイちゃんが、義父の異変をいち早く察知した。「ずっとフラフラしてはったんですよ」とあとから彼女は教えてくれた。「ずっとフラフラしてはるし、呂律《ろれつ》も回っていなかったんです。だから私、すぐに車に乗せて、病院に運び込んだんです」。ケイちゃんが運び込んでくれた病院で義父は、脳梗塞と診断され、緊急入院となった。最終的には、リハビリ病院も含めて半年の入院となった。

一緒に病院に行った義母から私のところに電話があったのは、義父が運び込まれてから数時間後のことだったが、話の辻褄が合わない。ケイちゃんに代わってもらってようやく状況を把握し、夫に連絡を入れて会社から向かってもらうよう伝えた。私は夫より一足早く病院に着き、ケイちゃんには混乱している義母を実家に送り届けてもらった。夫と合流し、入院の手続きをして、夕方ようやく実家に戻ると、そこにはすでに別人になってしまった義母がひとりで座っていた。何も覚えておらず、しきりに義父の居場所を知りたがった。「お父さんをひとりにしてはダメ」「あの人のところに行かなくちゃダメなんです」と、義母はうわごとのように繰り返す。とにかく、そんな状態で実家に残すことはできない。「お義母さん、私の家に泊まって下さい」と説得する私に、義母は「あなたの家ってどこ？」と答えた。

あれだけ執着した私と夫と孫が住む家を一瞬にして忘れてしまっていた。夫の実家から車で数十分かかる場所に家を建てると知ると、なぜ同居しないのかと腹を立てたこともあった。時間があればひっきりなしにやってきては、何をするでもなくわが家にいるという、私にとっては悪夢のような何百時間も、義母の記憶にはない様子だった。

荷物をまとめて自宅に連れ帰ると、まさに借りてきた猫のように、義母はあたりを見回し、居心地悪そうにするのだった。翌朝からは、私の隙を見ては「お世話さまでした。失礼します」と小声で言い、すっと玄関を開けて家を抜け出し、遠くに行ってしまうようになった。ふと悪い予感がして窓から外を見ると、山に向かって義母が早足で歩いている後ろ姿が見える。足音がすると思い外を見ると、義母が外壁を登ろうとしている。差し迫った仕事を必死にする私VS逃げる義母という構図は、このあと一週間程度続いた。

私と夫が結婚後に最初に住んだのは、京都府長岡京市の勤めていた会社近くの借家だった。古くてボロボロの家だったけれど、何より、自由があった。犬との気ままな暮らしで、週末になれば買い物に出かけて食材や酒を買い込み、友人を呼んで映画を観たりした。夫の実家は遠く、車でも電車でも一時間以上かかる距離だ。この当時でも、週末になると義父と義母からの電話はひっきりなしにかかってきていた。それも毎週、こちらがうんざりするほど何度もかかってくる。用事は、実家に戻ってこいというものだ。ある程度あっさりした家庭環境で育った私にとって、義父母のこの強いこだわりは不気味だった。どう記憶を辿っても、私は実の親から「実家に戻れ」と、そこまで頻繁に電話で言われたことなどないのだ。

私は夫に何度も「異常だよ」と訴えた。すると夫は「まあ、年寄りが言うんだから、たまには戻ってやればいいじゃん」と答えた。確かにそうかもしれないと思い、夫の実家に戻るのだが、そのたびに私には面倒なことばかりが起きた。まず、お稽古事への勧誘だ。義母は、結婚後も十年程度は教室を継いでほしいと私に言い続けた。「継いでほしい」というよりは、「あなたが継ぐのは当然」という言い方だった。頑固な私は、一度として「継ぎます」とは言わなかった。それでも義母は、夕食の席では、お稽古事の教室での出来事や、家元のこと、社中のことを延々と、数時間も話し続けた。私は少しの手伝いはしても、積極的に義母の仲間の輪に入ることはなかった。「みんな嫁を連れてくるのに」と義母は口癖のように言った。

週末に夫の実家に戻れば、当然、夕食の支度をするのは私になる。キッチンを借りて何品か作るものの、夫と義父が席に着いても、義母は一向に自室から出てこない。夫が怒って、義母を呼びに行くと、嫌々、部屋から出てくる。そして座るやいなや、大好きな日本酒を飲みはじめる。日本酒を飲むとあまりクセのよろしくない義母は、そこから再びエスカレートである。子どもの頃から酔っ払いに慣れていた私も、さすがに辟易《へきえき》していた。彼女が酔ったとき繰り返すのは「女は旦那に命がけで尽くすもの」という言葉だった。

この頃、私の母は独身生活を謳歌《おうか》していたと言ってもいい。父を失い、十年以上が経過していたが、経営していた喫茶店の営業は順調だった。駅のすぐ前という立地条件も味方していたが、母自身がとても明るい人で、人気者だったと近くで暮らしていた親戚からは聞いている。確かに、母の周囲にはいつも、同じぐらいの年代の仲間がいて、その多くが店に集まって朝から晩まで話し込み、笑い、楽しそうな時間を過ごしていた。楽しむ人たちの輪に加わらなくとも、本だけを読みに来る人もたくさんいた。Ｇｏｏｇｌｅストリートビューで十年前の店の様子を確認してみると、ドアの横に小さな看板を見ることができる。そこには「どうぞお気軽にお立ち寄り下さいませ」と書いてある。父が経営していた頃は、客人を拒絶でもするような厳《いか》めしい雰囲気があった店も、母が経営するようになってからは、駅前の気軽な喫茶店に変わっていたのだ。母は何より店が大事だし、店が大好きだと常に言っていた。だから、私もあまり心配はしていなかった。ひとりの男性に関することと以外は。

母は父が亡くなった直後から、とある男性と交際しはじめた。はじめてふたりで旅行に行ったと、恥ずかしそうに私に言ったのは、父が亡くなってから一年も経過していないときのことだったほど、母は彼を熱烈に愛していた。

彼は、父とはまったく別のタイプの男性だった。常に笑顔を絶やさず、よくしゃべり、明るかった。友達も多かったようだし、何より、彼は母が住む港町の住人ではなく、東京在住でたまに仕事でこの町にやってくるという、母にとっては都会の香りを漂わせた、自慢の人、特別な人だったのだ。

母は彼を連れて、私が住む京都にも頻繁にやってきた。三人で食事をしたことも何度もある。悪い人ではないとは思ったが、父が亡くなったばかりだということ、父の静かな雰囲気が皆無の、むやみやたらと明るいだけの男性にうんざりした。車はロールス・ロイスで、家は三階建てなのと母が言うたびに、ため息が出た。そんな嘘に簡単にひっかかる母に呆《あき》れてしまった。私がどれだけその男性の悪口を言っても、ニコニコ笑って、「いいの、私が好きなんだから」と母は照れるでもなく言っていた。

そんな母を見て、私が腹を立てたかというと、そういうわけではない。父が死んで間もなくその男性の存在を知ったときは悲しかったけれど、自分が年を重ねれば重ねるほど、父とは正反対の男性を選んだ母の気持ちは痛いほど理解できた。緊張感で張り詰めたような家庭で疲弊し切った母が求めたのは、明るく、楽しい恋だった。それがわかってからは、母が男性について大いに惚気《のろけ》ても、苦笑して相手をしていた。ひとつ気になっていたのは、祖母の証言だった。祖母は私に会うたびに、絶対に誰にも言わないでと念を押しながら、祖父が遺《のこ》してくれた預貯金を母が使ってしまうのだと打ち明けた。驚いた私は、母に問いただした。そのお金は祖母が生活するために祖父が遺したお金なのだから、いくらなんでも手をつけてはいけないのではないか、理由があるのなら、しっかり説明したほうがいいと伝えたのだ。母はいつものように曖昧に、「わかったよ」とは言ったが、その後、多くの親戚から、母がその男性に多額の金を貢《みつ》ぐようになっていると聞かされ続けた。

母とは共依存の関係にあった兄に貢ぐのなら百歩譲って理解できるが、祖母の預貯金を家族でもない男性に、彼氏に貢ぐのは常軌を逸している。兄もその状況を素早く察知したようで、私に何度も連絡を入れてきた。かあちゃんを騙《だま》すなんて許せねえ、俺がとっちめてやると息巻く兄に、「ちゃんと状況を把握してからのほうがいいよ、そのとっちめるってやつは」と私が言うと、「お前はいいよな。のんきに京都でおしゃれな暮らししちゃって」と兄は嫌味を言った。

義母は、そんな状態になっている母のことを私から聞き、こう言った。「あなたのお母さんは本当の恋愛をしているんやね。あなたも大人なんだから、それを許せるような人になりなさい」。そう言ったときの義母の穏やかな表情をよく覚えている。「誰だって、寂しいのよ。あなたもお母さんの年齢になったらよくわかるようになる。騙されようと、騙すよりはいい。本人も納得済みで騙されているんだったら、外野が騒ぐことじゃないでしょ」

「お父さんはね、私のことを弟子のひとりだと思ってるんよ」と、義母は続けた。「私のことを便利な人間だと思っているのかもしれない。それでも、苦しいときに救ってくれたのはあの人やった。だから、心から感謝してる」

和食料理人で多くの若手料理人を育てていた義父は、家の外では「親父さん」と呼ばれる絶対的権力者だった。義母はその絶対的権力者の義父に完璧に尽くすことで、山あり谷ありの人生を生き延びてきた。私に、同じように夫や家族への忠誠を求めたのは、そんな理由があったからかもしれない。

結局、母はどうしても恋人から離れることができなかった。最後の最後まで、彼女は彼を愛していたようだ。母が亡くなったとき、彼女が後生大事に持っていた小さな黒い手帳には、彼の名前が至るところに書いてあった。名前の下には、必ず、貸した金額も記入されていた。彼だけではない。母の店の常連客で、長年の友人だと私が思っていた人たちの名前も書かれており、名前の下にはやはり、貸した金額が書かれていた。数えるのも嫌になったが、合計で百万程度はあっただろう。親戚によれば、恋人に対しては数千万円の金額だったのではということだった。母はそこまでして、恋人に尽くした。恋人だけではない、友人だと思った人たちに頼られ、なけなしの金を貸した。私と心を通わせることが叶わず、他人にお金を使うことで、どうにかして人間関係を保っていたのかもしれない。手帳に挟まれていたアドレス帳の最初のページには、なぜか、私と夫の住所と電話番号だけが記載されていた。

母は私に対して、あなたは自由に生きなさいと言い続けた。亡くなる数年前には「あなたはもう大丈夫。立派に生きていける。これからも自由に生きていきなさい」と手紙をくれた。

家のなかでのみ絶対的権力を持った父に忠誠を尽くした母は、父に攻撃の対象とされた兄を生涯かけて守り抜き、ようやく見つけた本当に愛する人に、最終的には金銭を与えることを選んだ。「あなたは穏やかな人と結婚できてよかった。静かな暮らしができることが、何よりの幸せだから」という、母の言葉が心に残る。

祖父の代から続くアルコールの歴史

従姉妹が実家から持ち出してきてくれた、古い家族写真や遺品を、時間をかけて整理している。これも、ひとり残された私に与えられた仕事なのかもしれないと思いつつ、元気な頃の父や母、そして兄の姿を眺めながら、失われていた古い記憶の欠片《かけら》を拾い集めるような時間を過ごしている。思い出すのは、うまく機能していなかった私たち家族の暮らしのことだ。写真をきっかけとして古い記憶に触れるたび、思わずため息が出てしまうが、不思議なことに心には温かさも灯る。こんなにも悲しい作業なのに、まるで、懐かしい彼らに再会できたような気持ちになる。逃げ続けてきた原家族との繋がりだが、失ってはじめて、私のなかに間違いなくある彼らへの強い愛情を意識する。私だけではなく、きっと多くの人が経験することだと思うけれど、家族全員を見送る立場になるという困難を、大人として（そして子どもの立場として）どう乗り越えたらいいのだろう。その方法を聞いてみたい気がする。

何せ、このいたたまれない気持ちをどうしたらいいかわからない。どれだけ時間が経ったとしても、わからないものはわからない。父は早くに亡くなってしまったし、兄との一筋縄ではいかない関係が災いして、晩年の母との間にあった誤解を解くことができなかった。兄とは彼の突然死という形でプツリと関係が途絶えてしまっている。あまりにもあっけない別れで、実感もない。私がもう少し優しい娘だったら、もう少し寛大な妹だったら、違う結果に導かれていたのかもしれないと思う日もある。心にぽっかりと開いてしまった穴は、母と兄の葬式で喪主を務め、兄のアパートの片付けをし、これから先は母が住んでいた実家を処分する予定だという事実があったとしても、なかなか埋めることができない。義務を果たしたとしても、このいたたまれなさが消えることはない。

とても不思議な気持ちになるのは、先祖の姿が写った古い写真を眺めるときだ。この作業をはじめるまで、名前も知らなかった曽祖父や曽祖母、かなり近い血縁関係にあるずいぶん昔に鬼籍《きせき》に入ったはずの親戚たちの姿を見るというのは、特別な経験だと思う。おおよそ百年前に撮影された、絵画のようにも見える写真の数々が、こちらに何かを訴えかけてくる。その厳めしい表情をじっと見つめていると、当時の彼らの静かな語りが聞こえてきそうだ。私はこの人たちの子孫になるわけだけれど、当時の生活は想像もつかない。でもそこにある親近感。過去から真っ直ぐ現代まで続く時間軸に存在した彼ら。私たちは確かに繋がっている。こんな気持ちははじめてだ。

母は満州生まれで三歳のときに日本に引き揚げてきたそうだが、その頃の写真を見ると、母方の祖父母にはまったく笑顔がない。状況を考えれば笑顔にもなれなかったのだろうが、そんな混沌《こんとん》の時代に家族全員で写真撮影をした夫婦の気持ちを想像すると、当時のギリギリの生活が窺えるように思う。家族を必死に守りたい、一緒に過ごしていた証拠を残したいという気持ちがにじみ出ているようにも見える。祖父は私が小学生のときに亡くなっているが、彼に当時の話を聞かなかったことが残念だ。祖父母は引き揚げてから多くの苦難を乗り越えて、母を含む子どもたちを育て上げたと聞いている。

十代の頃の母の写真が多く撮影された場所のひとつが、祖父が経営していたバーだった。大きな漁港近くで祖父は様々なビジネスに挑戦していたそうだが、そのひとつがバーだった。当時賑わっていた漁港の話は、何度も母や祖母から聞いている。遠洋漁業に出ていた大きな船が定期的に寄港するその町で、バーをオープンするのは当然のなりゆきだったのかもしれない。祖父自身がバーテンダーとしてカウンターのなかに立ち、ワンピース姿の母がその前に座る写真が何枚かある。母と同じようにして、まるで鳥たちが止まり木で休憩するように並んで座っているのは、バーで働く同僚の女性たちだ。誰もがきれいなワンピースを着て、髪をセットし、明るく笑っている。同じような年齢の船員たちも写っている。ときには、力士の姿もある。外国人が写る写真もある。壁には英語で書かれた看板やポスターが掲げられていて、きっと当時は賑わっていたに違いないと思う。棚に並べられたウィスキーは輸入物だろう。もしかしたら、船員たちが海外から持ち帰ってきたものかもしれない。私が子どもの頃は、両親の経営する店にも、子どもの私がそれまで見たこともないような珍しい飲み物やお菓子が並ぶ時期があった。船員たちが持ち帰るお土産物だった。

しかし、写真に写る母の前に置かれたカクテルグラスを見るにつけ、心が痛む。母の人生を大きく変えたアルコールとの出会いは、この祖父の店だったと確信するからだ。家族全員が幸せに暮らすために開店した店が、娘である母の人生を大きく変えてしまうことに、祖父は気づいていただろうか。母が晩年になっても連日飲酒するようになる未来を予想しただろうか。

母は祖父が経営していたバーで酒を覚えた。きっと、祖父に言われるがまま、店で働き出したのだろう。当時、両親の言うことは絶対だったと母に聞いたことがあるし、他に選択肢もなかったのではないか。お祖父《じい》ちゃんに言われたら、その通りにしなくちゃいけなかったのよと母は何度も言っていた。それに、祖父のバーは決していかがわしい雰囲気を漂わせた店ではなかった。それは写真を見てもわかる。きっと、田舎の港町では洒落《しゃれ》た店だと思われていたのではないか。そんな店で働くことは、母にとって胸躍るような経験だったのではないか。私にはそう思える。

派手な雰囲気をまとっていた母は、祖父母の四人の娘たちのなかでも目立つ存在だったろう。母は明るく気さくな人だった。祖父からすれば、笑顔がチャーミングで話し好きな娘に店を手伝ってもらえることは、うれしいことだったのかもしれない。自分の目の届く範囲で、自慢の娘が家業を手伝ってくれたら……祖父の気持ちが理解できるような気がする。母と、港町に仕事で来ていた父が出会ったのは、祖父が経営していたこのバーだった。まさに、母の人生が大きく動いた場所だった。

母の人生を想うたびに、キーワードとして浮かぶのはアルコールだ。私が物心ついた頃から、住んでいた家には当然のように酒瓶が並んでいた。ジャズ喫茶を複数経営していた両親にとって、そして私と兄にとっても、酒瓶のある景色は普通のことだった。

それでも、両親が家で飲むことは年に一回だけだった。子どもたちへの影響を考えていたのかもしれない。両親が経営していた店のアルバイトの若者がわが家に集まって、朝まで飲み明かすクリスマスパーティーがその唯一の機会だった。そのパーティーは毎年、私が中学生になるまで続いていた記憶がある。その恒例行事が途絶えたのは、兄の生活態度が荒れはじめたのがきっかけだったはずだ。両親は若者と過ごすクリスマスを心から楽しみにしていて、その日が近づくと、ビールをケースで頼み、大量の料理を作って彼らをもてなしていた。私も、優しく接してくれるお兄さんやお姉さんである彼らが大好きだった。父も母も、店主とその妻として彼らに慕われ、楽しい時間を過ごしていたはずだ。

ただ、母は飲みすぎる傾向があった。アルコールにはとても強かったとは思うが、潰れるまで飲むのが母の常だった。父はそんな母の姿を見るのが嫌だったはずだ。兄もそんな母の姿を見ることを拒否していた。それでも、母は飲んだ。日頃の悩みを打ち消すかのようにして、店で毎晩飲んでいた。私が中学生になる頃には、長期にわたる連続飲酒状態だったと思う。朝は常に二日酔いだったし、夜には酩酊《めいてい》していた日が多かった。洗濯が滞り、夕食が食卓に並ぶ回数が少なくなった。仕方がないから自分で何もかもするようになった私だったが、それを不満に思ったことはなかった。それだけ、アルコールは当然のように私たち家族の日常に居座り続けていた。正々堂々と。

連続飲酒をしていたのは母だけではなかった。父も、ほぼ連日、仕事終わりにどこかに行っては、ふらふらになるまで飲んでいた。家に戻る頃には千鳥足で、倒れ込むように寝室に入っていく姿を何度も見たことがある。酔った父が兄と遭遇したら、それはもう大事件だ。父は兄が学校に行かないことを責め、兄は酒ばかり飲んでいると父を責めた。体が大きく、激しい性格の父と息子が揉めはじめると、私は、またはじまったかと呆れて部屋に閉じこもった。母は夜になっても、なかなか家には戻らなかった。私の想像でしかないが、経営していた店で、客に付き合い、飲んでいたのだと思う。

一度だけ、酔った父に理不尽に叱責されたことがある。私は中学生になっていた。酔って家に帰ってきた父が、帰宅していなかった母の居場所を私に尋ねた。私は、知らないとそっけなく答えた。反抗期だったかもしれない。すると父が突然、知らないとはどういうことだと怒りはじめた。なぜ父が突然怒り出したのか当時の私には理解できなかったが、今であれば理解できる。父は、自分は飲み歩いているにもかかわらず、母が飲み歩くことに神経質になっていた。母の行動に不満を抱いていた。それが原因で、目の前にいた私に怒りをぶつけた。私は大好きな父に突然責められたことに戸惑い、泣いた。翌朝になって、部屋に籠もる私に父は何度も声をかけた。自分がしたことを記憶していて、気にしたのだろう。あとにも先にも、父に傷つけられたのはその一回で、その後、父は二度と酒に酔って私を責めることはなかった。私を責める代わりに、その怒りを母に、そして兄に真っ直ぐぶつけるようになっていった。

そんな父を強く非難したのは、母方の祖母だった。あまりにも飲みすぎる。断酒会に参加してほしい。しかし、私の目から見れば、父だけでなく母も大いに飲んでいたから、父がひとりだけ断酒できるはずもなかった。町全体が、時代が、飲酒に対して寛大だった。そもそも両親が出会った場所はバーなのだ。当然の結果だと言えるだろうし、母に至っては、祖父に言いつけられて働きはじめた店で覚えた酒だった。弱い生き方をした両親だけが悪いとは、私には到底思えない。結局、両親は過度な飲酒をやめることはなかった。父は過剰なアルコール摂取が原因だと思われる胃癌で亡くなり、母も、長年の飲酒が理由で体調を崩したことが多かっただろう。

父を亡くしてから、母はよりいっそう飲むようになっていた。五十代前半でいきなりシングルマザーになり、娘を大学に通わせるという重責をひとりで背負ってしまった母が、何かに救いを求めていたことは理解できる。なかなか定職に就かない兄との関係にも悩んでいただろう。大学に進学し、ひとり暮らしをはじめ、やがて成人した私も、すでにアルコールを飲みはじめていた。飲酒の英才教育を受けて育った私も兄も、酒には強かった。いくら飲んでも酔わなかった。そんな私たち兄妹を見て、母は嘆いていた。あなたたちだけは飲まないでほしいと何度も言っていた。しかし、祖父の時代から延々と続くアルコールの負の歴史を、そう簡単に断ち切ることはできない。兄も過度の飲酒が原因の高血圧、心疾患、そして糖尿病を患い、亡くなっている。ようやく断ち切るのに成功したのは、この私だ。なぜ成功したかというと、私自身が四十七歳で大病を患い、手術を経験したからだ。いわば、強制終了させられたようなものだ。強敵であるアルコールを倒したのは、死を招く心臓病だったというわけだ。なんという皮肉だろう。

実母だけではなく、実は義母も、酒が大好きで、酒が身近にある人生を送り、そして酒に強い人だ。何せ彼女は、母と同じように、紀州のとある港町で店を経営していた過去がある。彼女が経営していたのはクラブで、彼女は名物ママだった。若かりし頃の義母の写真を見ると、彼女がとても美しい人だったことがわかる。小柄で色白で、人懐っこい笑顔がとても印象的だ。田舎ではきっと目立つ存在だっただろう。一緒に働く女性を何人も雇っていた義母は、敏腕のママとして、同業者の誰からも一目《いちもく》おかれる存在だったらしい。高校を卒業して銀行に勤めていたという経歴を持つ、数字に強い義母。経営もこのうえなく順調だったと何度も義母から教えてもらった。雇っていたバーテンダーに売り上げを持ち逃げされてしまった話をするときの彼女は、豪快に笑っていた。持っていかれちゃったわよ！　でもね、そんなことで諦めるような私ではなかった！　と、彼女は私を相手に日本酒をあおりながら話したものだった。結構飲めるほうだと自認していた私だけれど、義母にだけはかなわなかった。アマチュアは到底プロには勝てないのと一緒だ。義母の酒は豪快で、明るかった。人を惹きつける魅力のようなものがあった。母の酒が悲しい酒だとしたら、義母のそれは底抜けに明るく、周りを楽しませるエンターテイメントのようなものだ。認知症となってしまった今でも、当時の客から電話や手紙、贈り物が届き続けるのは、そんな義母の輝かしい時代を懐かしむ人たちが今もいるという証拠だろう。

繁盛するクラブを経営していた当時の義母には、確固たるスタイルがあったようだ。お稽古事を極め、時事問題をとことん学び、どんな話題にも対応できるよう多くの本を読み、店には必ず着物で出勤していたと聞いている。確かに、義母の着物コレクションは素晴らしく、粋《いき》に着こなす姿には気迫のようなものまであった。華やかな時代の話をするときの義母は、いきいきとしていた。繁盛店を切り盛りしたという過去は、彼女にとって誇りだっただろう。しかし、そんな昔話の最後は必ず、その店を閉店することになった経緯に辿りつき、義母は心から残念そうにするのだった。町で一番流行っていたクラブを閉店することになった理由は、義父の強固な反対だったという。私の父は母が経営していた店が繁盛することにどんな感情を抱いていただろう。母が飲むことに対して怒りを抱えていた父は、母の体調を気にしていたのだろうか。それとも、母に嫉妬していたのだろうか。

義母が母に親しみを抱いたきっかけは、ふたりに共通する、店舗経営という歴史だった。志半ばで閉店を余儀なくされ、それを残念に思い続けた義母は、晩年になっても店を経営し続けた母をうらやましいと何度も言っていた。やりたいことをやり続けることが、女性にとってどれだけ大変かを、義母は何度も口にしていた。一方で、店舗経営を続けることを義母にうらやましがられた母は「働かなくてよくなったあなたがうらやましいわ。私だって、店なんてやめても生活できるような状態になりたかった」とちくりとやったらしいが、それは母の本音だったと思う。生涯働き続けた母は、義母のように専業主婦を経験してみたいと考えていたに違いない。

　義父は定年まで料理人としてホテルで勤め上げ、その後、実家の一部を店舗に改築して、一日に一客だけの和食料理店を開いた。義母の店舗経営の夢はそこで再び始まったと言える。義母は時間をかけて食器を選び、義父と一緒にコースを考えた。達筆だった義母はその日の料理の内容を筆で和紙に書き、客席に出していた。コースの最後には必ず義母が点《た》てた抹茶が提供された。従業員の女性を三名も雇い、義母はそのまとめ役として店を切り盛りしながら、得意な接客で店を訪れる人たちをもてなしていた。まさに水を得た魚のような日々だった。

この時期、義母は母に頻繁に電話をして、一度店に来て下さいねと誘っていた様子だった。孫に会いに来てと実の娘に誘われてもなかなか重い腰を上げない母だったから、結局、一度も義父の店に客として訪れることはなかった。しかし、一度だけ、母が夫の実家に義母を訪ねてふらりとやってきたことがある。義母と母はその夜、ふたりで夜中まで飲んだそうだ。そして、それまでの互いの人生について話をしたそうだ。ふたりがどこまで打ち解けたのかはわからない。でも、後日義母は、とても楽しい夜だったと言っていた。母も、とても楽しかった、あなたのことをすべて理解している、素晴らしいお義母さんだと言っていた。それを聞いて、とても居心地が悪かったのを覚えている。

義母も母も、長期間に及ぶ酒との付き合いで、人生が揺らいだ経験をしていると私は思う。母は性格の弱さからか、それともあまりに困難な人生を歩んだからか、酒に人生を完全支配されてしまった。本来であれば娘の私が介入すべきところだったが、それができなかったことが悔やまれる。せめて、悲しいことを忘れるような飲み方をする母の気持ちを、理解する努力はすべきだった。母が、飲みたくて飲んでいたわけではないと知っていたのに、それを放置したのは私で、それについては後悔してもし切れない。

義母は楽しい酒を嗜《たしな》むことができる強い心がある人だったが、八十歳を超え、認知症になった今、医師やケアマネージャーに飲酒を制限するよう言われても、なかなかできない日が増えているようだ。そこまで大量に飲むことはできない年齢だが、今でも時折晩酌をしていることは確かだ。晩酌ぐらい、なんの罪もないとは思うのだけれど、薬を服用しているので、そこは気をつけたいところだ。壁には私が書いた「お酒は控えめにね」というメモが貼ってある。時折、そのメモは義母によって剝がされる。剝がされたら、私が再び貼り付ける。貼り付けると、「あらやだ、なんなの、これは?」と言い、笑いながらも、不思議な顔をする義母。母の飲酒を止めることができなかったことを悔いている私は、それでもへこたれずにメモを貼り続ける。完全にやめなくてもいいから、控えめにね、と言いながら。人生を乗っ取られるような飲み方は、誰にとっても最悪の事態を招きかねないと誰よりもわかっているつもりだ。

時折、勝手口の辺りをチェックすると、空になった酒瓶が置いてあることがある。柚子《ゆず》の酒だったり、レモンの酒だったりする。あら、可愛いのを飲むようになったんだと思う。昔だったら、日本酒の一升瓶だったのになあ、お義母さんも変わったねえと感心している。認知症になってひとりでの外出がままならなくなった義母がお酒を調達する手段は限られていて、タクシーに乗ってスーパーに行くか、長年の付き合いのある酒屋に注文する方法しかない。義父が「電話があっても配達はしないでくれ」と酒屋の店主に頼んだそうだが、三回に一回は配達されてしまうそうだ。「今さら完全にやめることは無理だろう。それで病状が進んだとしても、それはそれで人生や」と義父は言っていた。確かに、その通りなのかもしれない。それで義母が幸せだったら、それでいいのかもしれない。

さて、飲酒の英才教育を受けて育った私が、長年の飲酒からようやく距離を置くようになったのは、四十七歳で心臓手術をしたことがきっかけだったと書いた。これは、私の人生を大きく変えることになったと思うし、私はこのうえなく幸運だったと思う。例えば、仕事で遠方に出かけ、久々に会った編集者と食事をするときやお祝いの席などでは軽く飲むこともある。何せ、ワイン好きという執刀医が私に「美味《おい》しいワインだったら飲んでも大丈夫だよ」と言ってくれたものだから、ある程度のお墨付きがあるのだ。しかし、以前のように次々と飲むことは一切なくなった。気持ちがついていかなくなったのだ。

お酒の楽しさは十分経験したし、失敗も数え切れないほど経験した。もう十分だ。何より、私は負の歴史を断ち切らねばならない。両親が今生きていたとしたら、私にそれを望むだろうし、もし義母が認知症にならず、私が大病をしたことを記憶していたとしたら、絶対にやめてと懇願したと思うから。私は多くの人生の先輩たちの願いを背負って、アルコールと距離を置く期待の星なのだ。

夫と義父母の最後の家族旅行

法事に参加するため、義母を故郷の和歌山県に連れていくことになった。認知症になってからの義母は、自分が今現在どこで暮らしているのかが曖昧になり、幼少期から成人するまで過ごした和歌山での暮らしについて頻繁に口にするようになっている。時折、「和歌山県に暮らしていたから、ここの暮らしは大変だ」と言い、「来たばかりだからまだ慣れない」と私に打ち明けることも多くなった。三十年以上も暮らした現在の家の暮らしが不自由で、暮らしやすかった「和歌山に帰りたい」と言う義母に、義父の苛立《いらだ》ちは募っているようにも思える。

法事の話を聞いたときに思ったのは、今の義母の状況であれば里帰りを十分楽しむことができるし、懐かしい友人や親戚に会ったとしても、さほど問題はないだろうということだった。しかし、夫の意見は違っていた。今の状態で戻れば、義母の変化は誰にとっても明らかなのではないか。それで義母は幸せなのだろうか。可哀想なのではないだろうか。本当に義母は故郷のことを記憶しているのか。

確かに、夫の意見にも一理あった。でも、もしこれが、義母が本当の意味で故郷に戻ることができる、ラストチャンスだったとしたら？　懐かしさを抱き、故郷の景色を眺めることができるのは、もしかしたら最後なのでは？　ふたりでしばらく悩んだ末、義母を故郷に連れていき、法事に参加させることに決めた。義父にもそう伝えた。義父は一瞬迷ったようだったが、きっと彼も、これがしっかりと故郷を見ることができる最後かもしれないと考えたのだと思う。すぐに納得してくれた。

私はすぐさまレンタカーを手配した。私の愛車は大型犬による汚染がひどいので使うことはできない。そのうえ、五人乗りとはいえ、狭い。古い車なのでエアバッグも搭載されていない。車高があり、高齢者にとっては乗り降りがしにくい、つまり高齢者にはまったく適さない。脳梗塞の後遺症で左足が若干不自由な義父に配慮する必要があったため、迷わず大型のワゴン車を借りることにした。どうせ行くなら贅沢にしなくちゃ。宿は思い切って海に面した温泉宿を予約した。食堂で提供される食事も楽しいが、やはり部屋で豪華に食べることができれば最高だ。だから、食事も部屋でとるようにした。すべてを手配し、そして笑顔で夫に「頑張って」と告げた。そう、私は最初から同行するつもりはなかった。

義母、義父、そして夫の三人で、久しぶりの家族旅行に行けばいいと思っていたからだ。やっちゃいなよ、家族水入らずってやつを……と、夫に提案したのだ。

夫はぎょっとした顔で「えっ？　俺だけ？」と言った。「当然でしょ」と私は答えた。「無理だわ〜。あんなにわがままな高齢者をふたりも連れていくなんて、絶対に無理だわ〜」と言う夫に、「仕方ないでしょ。子どもたちだって犬だって、置いていくわけにはいかないんだから」と、私は満面の笑みで答えた。

「まあ、楽しんできてよ、久しぶりの家族旅行なんだし。手配はすべて完璧に済ませておいたから」

こうやって、夫、義理の両親の、数十年ぶりの家族旅行が実現したというわけだ。


出発の日、肩を落として実家に向かった夫からは、メッセージが頻繁に届いた。

おふくろ、全然したくができてない
親父がうざい
ふたりともパジャマ姿
戸締まりに時間がかかる

まだ和歌山に到着していない状態だというのに、愚痴はノンストップで送られてくる。私はそんなメッセージのすべてに、判で押したように「想定内」と返した。そう、本当に想定内の出来事だったのだ。普段、ふたりに接している私には、すべて想像できたことだった。そして厳しいことを夫に伝えるとすれば、義母の故郷を巡るこの家族旅行は間違いなく、最初から最後まですべて「どうにもならない想定外のハプニング」で埋め尽くされるはずだった。

出発してから数時間後、一行《いっこう》はホテルに到着した。宿泊するホテルを知った親戚のひとりが、部屋をアップグレードしてくれていて、送られてきた写真を見ると、まるで海にぽっかり浮かんだ秘密基地のような豪華な部屋だった。広い和風のリビングに立派なソファセット。壁は一面が窓で、その向こうには雄大な瀬戸内海が広がっている。寝室が二部屋、温泉つきの立派な離れのお部屋だった。三人で宿泊するには十分すぎるほど十分だ。少し部屋が広すぎて夫が必要以上に喜び、堪能しすぎて、結局義母に目が届かず、義母の徘徊スイッチがオンになった挙げ句に部屋から出てしまわないかが心配だった。しかし、あまり人も多くないホテルのようだったので、万が一義母が混乱を来したとしても、対応できるだろうと思った。

夜、夕食が終わった頃、夫からメッセージが入った。

おふくろが混乱している。どこに寝ればいいのかと五分に一回確認に来る。地獄や

ははーん……と思った。場所が変わることで起きる混乱は想定内だった。しかし、五分に一回確認に来るのは想定外で、このままではきっと朝まで夫は眠らせてもらえないことになる。私はいつものYouTubeチャンネルを開いた。認知症だがポジティブに生きるおばあちゃんの様子をお嫁さんが記録するこのチャンネルは、様々な情報を明るく、楽しく発信してくれている。ありがたいことこのうえない。撮影された多くの動画のなかに、旅先での工夫を紹介したものがあったのを記憶していたのだ。

きれいな宿に宿泊したおばあちゃんは、やはり、いつもと場所が違うことに混乱して何度もお嫁さんを起こしてしまう。掛け布団が一枚しかないと不安がる。いつもは毛布があるのに、ここには毛布がないわとこだわりをみせる。泥棒が心配だからと窓を何度も確認したりする。そこでお嫁さんは、トイレの近くの場所におばあちゃんを寝かせることにする。夜中のトイレの対応を考えてのことだが、トイレの電気を一晩中つけ、ドアの隙間か

ら見えるわずかな明かりの近くにおばあちゃんを滞在させることで、不安を取り除いた。三階だから泥棒は入らないから大丈夫よと、おばあちゃんをなだめ続ける。なんという素晴らしいお嫁さんだろう。感心しつつ、夫にメッセージを送った。

夫に、明かりをつけておいたほうがいいと思うよ、それから場所の確認は何回もすると思うから、もう諦めたほうがいいと書いた。夫からは落胆のメッセージが戻ってきたが、義母は疲れていたようで、夫は数回起こされたものの朝まで眠ることができたようだった。

結局義母は、懐かしくてたまらなかった故郷に無事戻ることができた。久しぶりに会う親戚と会食して楽しそうだったそうだ。両親や兄姉が眠る墓地に墓参りも済ませた。以前住んでいた家やゆかりある場所の近くにも行き、お土産も買い、大満足して帰路に就いた。大きなワゴン車の乗り心地に感嘆しつつ実家に戻ったものの、車を降りるとき夫に「和歌山まで事故を起こさないように戻ってくださいね」と言ったそうで「俺はタクシーの運転手さんと間違われたようだ」と夫は肩を落としていた。私からすればそれも想定内。無事に戻ったことで百点満点だと思った。義母は、故郷にとうとう戻ることができたことを、断片的ながらもしっかりと記憶している。ｉＰｈｏｎｅに残る写真を見せると、とても喜んでいる。素敵なお部屋だったわ、本当に最高だったとうれしそうだ。夫は苦労したようだが、親孝行できたのではと思う。孝行できる親がいて、うらやましいと思う。

私の実母は静岡県の港町に生まれ、そこで育ち、暮らし、結局、亡くなるまでそこを出ることがなかった。戸籍を辿ってみると、結婚直後に父とともに埼玉県川口市に転居し、数年暮らしたことがわかったが、それ以外はずっと、生まれ故郷の町に留まったままだった。旅行という旅行もしたことがない。友達と出かけることも少なかった。父が亡くなってからは、私に会いに京都まで来ていたが、私が彼女に京都で会ったのは数回程度だ。とにかく彼女の居場所は、祖母と暮らしていた実家と、駅前の喫茶店だけだったように思う。成人してから、母と一緒にどこかに出かけたり、ましてや旅行に行ったりした記憶はほとんどない。だから私には彼女がどんな女性だったのかいまひとつわからないのだ。

海外にも、一度も行ったことがないはずだ。行こうと希望することすらなかっただろう。それだけ母の世界は狭かったと思う。狭かったというよりも、兄との共依存の関係が強固すぎて、逃げ場を失っていたのではないかと想像している。私が十九歳のときに父が亡くなってからは、よりいっそうその関係性は強くなり、がんじがらめに母を縛っていただろう。常に母の生活には兄がいた。常に兄をサポートする人生を送っていた。いつ何時話をしても、最終的に、話題は兄の生活のことになった。私はそれに疲れ果て、そして母と兄から距離を取った。

死後に見つけた母の日記に、兄と、当時兄が結婚していた女性と一緒に、外食に出かけたことが綴られていた。そこで兄に鰻《うなぎ》を食べさせてもらって感激したと書いてあった。あの子が私に鰻を食べさせてくれるなんて、信じられないことだとうれしそうに書いていた。素晴らしい息子だとあった。私にはそれが衝撃だった。兄のために奔走した時間が、苦労が、鰻で清算されたのだろうか。兄と母の関係とは、そこまでアンバランスなものだったのか。残りのページは兄の借金の返済に関する記述ばかりだった。幼い頃は病弱で心配をかけたが、私は母を一度として苦悩させたことはなかったはずだ。少なくとも、成人してからは。むしろ私は、母をサポートしてきた。いつも電話の相手になって、母を応援し続けてきた。それなのに、母の日記に私に関する記述は一切ない。唯一、表紙をめくった最初のページに、私の携帯の番号が書いてあっただけだった。母にとって私は、そのような存在だったのだろう。最後の最後に頼ることができる相手。ここに連絡をすれば声を聞くことができる相手。それとも、それ以上の存在だったのだろうか。

結婚して、仕事が軌道に乗り、経済的に安定してからというもの、私は幾度となく母を誘って旅行に行こうとした。別に遠くに行く必要はない。京都でいい。母が一度も行ったことがない寺や神社に行き、美味しいランチを食べて、散歩をして、旅館に泊まればいい。旅行だけではない、母には何度も私の家に来てくれと頼んでいた。母はその都度、うれしそうにしてくれ、京都に旅行も行きたいし、あなたの家にも行きたい、兄ちゃんはうるさくて嫌だけど、やっぱり娘はいいわねと言うのだが、直前になると決まって「用事ができた」とか「お店を休むことができない」と理由をつけてはキャンセルが続いた。

もしかしたら、旅行に出る直前に不安になるのかもしれないと思った。というのも、私自身がそんな気質なのだ。不安な気持ちになっても、とにかく目的地に行けば楽しむことができるのだが、直前に億劫《おっくう》になってしまう。なんとなく気持ちがどんよりとする。もうやめちゃおうかなと本気で考える。母ももしかしたらそんな気持ちになっているのかもしれない。そうであれば旅行を無理強いすることは可哀想だと思い、突然のキャンセルにも文句は言わなかった。

それでも、私の家に来ることだけはねばり強く誘い続けた。孫に会うのもいいだろうし、母が住む故郷と私が今現在住む場所は雰囲気がまるで違うことも知ってほしかった。山々と琵琶湖に挟まれた土地に建つ私の家の周りは自然が豊かで、時間の流れがスローだ。狭い港町とは空気も、空の色も違う。狭い世界に生きる母が新しい環境を、私が大好きな場所を目撃する瞬間に立ち会いたかった。でも、私がいくら誘っても、旅費は出すからと言っても、結局、母がわが家にやってきたのは一度だけだった。それも、当日の朝になってやはりキャンセルしたいと電話があり、私が激怒し、激怒した私に無理矢理説得される形でやってきたのだった。

京都駅の新幹線のりばで待っていた私は、苛立ちを隠さなかった。数か月前から約束し、前日にも段取りを決めていたというのに、当日の朝になってやっぱり行きたくないと言うなんて、どうかしていると怒りを募らせていた。いつもそうなんだよ、この人は。まったく、何から何まで嘘だし、いい加減だし、調子がいいし、自分勝手だ。母親が娘の子育ての手伝いをすることなんてよくある話で、むしろ、孫に会いたくてたまらないというのが普通の祖母なのではないのか。それなのに、この人ときたらドタキャンばかりを繰り返し、私を手伝おうという気持ちすらないのだ。

私を苛立たせたのは母のそんな行動だけではなかった。ようやくやってきたと思ったら、自動改札機を前にして、母は一歩も前に進まなくなった。一体どうしてしまったのかと不思議になるくらい、母は困惑していた。手にした複数枚の切符を確認しながら、どれを改札機に入れればいいのかと悩み、足を完全に止めていた。後ろには迷惑そうな顔をした人たちがいた。私は苛立ちまぎれに大きな声で、ここに入れなよ！　と改札機を指さした。母は困った表情のまま切符を恐る恐る改札機に入れ、そして私のほうに歩いてきた。母を連れて在来線に乗り換え、最寄り駅まで戻ったが、その間、母とはひとことも話をしなかった。母も押し黙ったままだった。

車で最寄り駅まで迎えに来てくれていた夫と、腹を立てた表情の私と、困った表情のままの母が家に辿りついた。母の到着を待っていた義父と義母に挨拶すると、母は静かに子どもたちと遊びはじめた。私が急ぎの仕事をする間に洗濯をしてくれ、すべて干してくれた。義母がどうしても母とお酒を飲みたいと言い、母を連れて夫の実家に移動した。夜中に母は私の家に戻り、そのまま一泊し、朝早くに帰ると言った。そして「静岡駅までの行き方を教えて」と私に頼んだ。来ることができたのだから、帰ることもできるはずなのにと不思議に思いながらも私は紙に最寄り駅から京都駅、そして京都駅から新幹線で静岡駅に戻る方法を書き、母に手渡して最寄り駅で母を京都駅行きの電車に乗せ、別れた。母が私の家に来たのは、あとにも先にも、その一度きりだ。母とは、幼いときに出かけて以来、ふたりで行動することも旅に行くこともほとんどなかった。

母の秘密がわかったのは、最近になってのことだ。従姉妹と話をしていて、ふと気づいた。母は私の家に来るのが面倒でキャンセルを重ねていたわけではなく、新幹線に乗った経験がほとんどなく、その日になると不安になり、やっぱりやめると言い出していたのだ。ひとりで遠方まで移動することに不安を抱えていたから、私との約束を反故《ほご》にし続けていたことに気づき、私が迎えに行くべきだったと悟った。これに気づくとすべての辻褄が合う。彼女の行動範囲は極端に狭い。電車で数十分の距離の町に行くのでさえ、年に一回程度なのだ。それよりも遠くに行くことはめったになく、その際は友人に頼んで車で行くことが多かった。彼女の人生はすべてあの狭い港町に集約されていて、あの場所にいれば彼女は、一応は安心して過ごすことができた。友人に囲まれて暮らしていたから、互いに助け合い、生きていくことができた。そこからあえて出ようとすれば、相当の重圧がかかる。勇気を出して飛び出そうとしても、当日になると不安が募る。だからキャンセルする。年齢を重ねれば重ねるほど、その傾向は強くなったはずだ。行きたい気持ちはとてもある。でも怖かった。その状況に気づくことができなかった私が未熟だったのだ。

そんな母は、自分は一度も海外に出たことがないというのに、私を海外に出すことを厭《いと》わなかった。自分が母親となった今、十代の私を送り出した父と母の勇気には感服する。私が経験した山あり谷ありの海外生活を思い出すと、自分の息子たちに同じ経験をさせることは難しいとさえ思う。自分の住む町ですら出ることが叶わなかった母は、娘の私が、隙あらば海外に行く生活を長年続ける大人になるとは想像していなかったのではないだろうか。自分が育てた娘が、物理的にも精神的にも遠くの場所に行ってしまうと考えたときの母の心細さを想像すると気の毒にすらなる。そんな娘に、まさか新幹線に乗ることが怖いなんて、言えたものではなかっただろう。それも、子育てに苦しむあまり、苛立ちを募らせていた、辛辣な娘に。

義母も、ある意味狭い世界で生きてきた人で、そして生き続ける人だ。めったに遠方に行くことはなかったし、出かけるときは必ず義父と一緒に移動した。何十年もの間、ふたりは常に一緒に行動し、価値観のすべてを一致させて生きてきた。まるで義母は義父のミニチュア版レプリカのようだった。私からすればあまりにも窮屈な生き方だが、義母はそれに不満を言う人ではなかった。むしろその関係性を誇りに思っていたようでもある。それが当然のことと思われる時代に生きてきたし、それで彼女は自分の身を守ってきたのだろう。夫の生き方は自分の生き方であり、夫の業績は自分の業績だった。義父が最も精力的に働き、地位を築いていた時代と、義母が周囲に対して最も辛辣だった時代が重なるのが、その証拠だ。そんな人生の最高の瞬間を生きていたであろう時代の彼女でも、自由がないと苦しんでいたのは知っている。しがらみに縛られつつ、暮らしていたことも知っている。

今、認知症になって頻繁に故郷の和歌山県のことを口にするだけではなく、滋賀に三十年以上住んだ今も、故郷の方言がまったく抜けていない状態の義母を見るたびに、この世代の女性が故郷から離れずそこで暮らし、生きていくことは、一種のサバイバル術だと考えるようになった。骨を埋《うず》める覚悟をすることで、どうにか生活の安定が保たれた。そこを離れることが叶わないのなら、その場で勝負をするしかなかった。海外に出るという選択肢はそもそもなかっただろう。義母も母も、まるでエイリアンに接するように私を扱っていたが、それも納得だ。イエスと言う選択肢しかなかった彼女たちの前に、ノーと言い続けるモンスターが現れたのだから、恐ろしくもなるだろう。気の毒としか言い様がないが、私を自由に育ててくれた母には感謝である。

　母はたったひとりで生きるという勝負を強いられ、義母は夫と離れず暮らすことで生き延びた。配偶者を若くして失って苦労を重ねた母と、今も配偶者とぴったり寄り添うように暮らしながら病と闘う義母。女性の生き方として、どちらが幸せかなんて、誰が判断できるというのだろう。

　根無し草のように生きてきた私には、義母や母のように暮らすことはできなかったし、これからもできないだろう。ふたりが人生をかけるようにして守ってきた家族という小集団は、今となってはその存在意義を変化させつつある。同時に、家庭内の妻、あるいは母という立場も、徐々に変化を遂げている。ふたりの生き方がエイリアンのようだと認識されるほど世の中が変わるのは、いつになるだろう。

　母の晩年を、義母の老後を目撃し、私の価値観も変化した。誰かを守るため、あるいは誰かを支えるために自分を削ることは、得策ではないと思えるようになった。それが家族を守るという自分にとって大切な目的のためだとしても、自分を削っては意味がない。他にやり方はたくさんあるはずなのだ。例えばそれは、自分自身の世界を健全に保つ力を蓄えることであり、自分の機嫌を自分で取るスキルを獲得すること、自分の時間を楽しむ余裕を持つこと、そして自分の世界を手放すことなく、生きていくということだ。

最大級のトラウマの出産と地獄の産後

私を産んだとき、母は三十二歳だった。兄と私は五歳離れているので、兄を産んだときは二十七歳。昭和三十年代当時の女性の平均初婚年齢が二十四歳ぐらいだったようなので、ほぼ平均的な結婚・出産だったのではないだろうか。

二十六歳のときに二十三歳の父と結婚し、翌年兄を出産。当時、父と母は埼玉県川口市に住んでいた。その理由を母や父から直接聞いたことはなく、亡くなってはじめて知ったのだが、親戚のひとりが言うには、母方の祖父に結婚を反対されたため、祖父から離れた土地での暮らしを決めたらしい。父の勤めていた会社もそのあたりにあったようだ。当時の写真を見てみると、木造のアパートで幼い兄と両親は仲良く暮らしていたように見える。

写真のなかの母は明るい表情だし、まだ少年っぽさの残る父も柔らかな表情だ。後年、あそこまでしかめっ面になるまでに一体何があったのかと思わないでもない。そして何より、ふたりとも本当に若い。なかなかのナイスカップルだし、年老いた頑固者の親の束縛から逃れた暮らしは楽しかったのではないかと思う。母にとってははじめて故郷から離れて暮らす経験だし、そのうえ可愛い長男が生まれていた。幸せの絶頂期だったかもしれないと思う。だが、私が物心ついて以降、母が結婚生活や育児に幸せを感じていたかは疑わしい。せめて川口では楽しい日々を過ごしていてくれればと願うのだが、親戚の話をまとめると、両親は兄の育児に相当苦労していたようだった。

とにかく、兄は寝ない子どもだったらしい。古い記憶を辿っても、私のなかに残る兄の姿は、ただただハイパーアクティブな様子で、それを追い回す母と怒る父という構図だ。兄は外に出れば何かを壊し、家のなかではタンスの上から飛び降り、赤ん坊である私の真横に着地するなど、危ないことは何から何までやっていたそうだ。そのうえ、まったく寝ない。自分が子どもを育てる身となって、その苦労が想像できる。そんな日々のなかで、私を授かった。最初、お腹が大きいから双子かもしれないねと医師に言われ、父も母も大喜びしたそうだ。性別は生まれるまでわからなかった。当時としてはそれが普通だったのだろう。

母は臨月を迎え入院したらしいが、父は母を一度も見舞わなかったと母は何度も私に言っていた。妊娠・出産にまつわる恨みは墓場までとはよく言うが、見舞いにもやってこない父の無責任さと、「女の子が生まれたよ」と電話をしたとき、「なんだ、女か」と言った無神経さは、まさに晩年になるまで母のなかに恨みとして残っていたようだった。なぜわかるかというと、私はその話をかなり長期間にわたって聞かされていたからだ。

しかし、この話には続きがある。ひとり寂しく、私を抱きかかえ、重い荷物を背負って帰宅した母を、畳の上に寝そべって出迎えた父は、私をひと目見た瞬間、豹変《ひょうへん》した。何かのスイッチがしっかり入ってしまったらしい。母の腕から私を奪い取ると、片時も離さなくなった。朝から晩まで私の面倒を見続け、赤ちゃんがやってきたと興奮する兄を決して私に近づけなかったそうだ。目を離した隙に私を触る兄を叱責していたという。この子はあまり泣かないし、本当に育てやすい子だと父は喜んでいたらしい。兄とのギャップによりいっそう愛情が募ったのかもしれない。しかし、そのあまり泣かない子は、実は先天性の心疾患があって元気がなかっただけだろうと思うのだが……。

父の私への大いなる愛情は枯渇することなく、私は長い間、父に溺愛され続けた。幼稚園に行っても、小学校に行っても、父は暇さえあれば私をどこかへ連れ出し、書店に行ったり、レストランで食事をしたり、母に内緒でこづかいを与え続けたりした。父が私を可愛がれば可愛がるほど、兄は卑屈になった。卑屈になった兄はいたずらを繰り返し、成長すると問題行動も増え、それに従って父との関係も険悪なものとなっていく。父に溺愛された私にその状況を変えるために何かできたとは思えないが、父は親として、人生をかけてでも兄に手を差し伸べるべきだったと今の私は思っている。

父は三歳年上の母のことを、常におばさんだとからかっていた。現代であれば三歳年上の女性と結婚するなんて普通のことだが、昭和三十年代ではそうでもなかったかもしれない。父が母をおばさん扱いしていたのは私の記憶にも強く残っていて、母はおばさんというよりは実年齢より若く見えるきれいな人だったというのに、父は一体なぜ母をそこまでおばさん扱いしたかったのか、理由はよくわからない。人気者だった母に嫉妬していたのかもしれない。私に対しても、お前は若いうちに結婚して、すぐに子どもを産めよと何度か言っていた。おばさんになるまで残っていちゃダメだぞ。わかったか。当時の私は素直なものだったから、はーいと答えていた。

母自身は何度も、もっと子どもを産んでおけばよかったと私に言っていた。女の子がもうひとりかふたりいたらよかったな。だって女の子の子育ては楽しそうだもん……と、目の前の女の子である私を完全に無視した状態で言っていたが、彼女の言わんとするところはとてもよく理解できた。あなたの双子はとても可愛いけれど、できれば女の子も作ったほうがいいよ。だって女の子がいたら、すごく楽しいと思う。一緒にショッピングに行ったり、悩みを相談し合ったり、一緒に料理したりできると思うよ？　私もそんな経験をしてみたかったわぁ……と言う母には、内心「いや、私の存在……」とは思ったが、それも母独特のユーモアだということはわかっていた。母は、荒々しい兄の子育てに疲れ果て、楽しい子育てを、可愛らしい女の子の子育てをしたかったのではないか。私みたいに、嫌味とか皮肉を繰り出してくるタイプではない女の子の子育てを。たぶん、家族全員が家族でいることに疲れ果てていた。母でさえも。

義母が結婚当時何歳だったのか、正直、よくわからない。ひとり息子である私の夫を出産したのが二十六歳だということは知っている。出産直後は生活が苦しかった話などはところどころ聞いているが、あまり深くは知らない。深く聞いてはいけないというオーラが強めに義母から醸し出されていたからだ。詳細は知らないまま、現在に至るといったところだ。私自身、そこまで興味があったわけではない。夫曰《いわ》く、夫はかなり幼い時期から祖母（義母の母）に預けられ、のんびりとした、愛情溢れる環境で育ったということだった。夫ののんびりとした性格を考えるたびに、義母の激しさとどうしても結びつかない部分があったのだが、祖父母に育てられたというのであれば納得である。祖母は七輪で鰻を丁寧に焼いてくれるような、料理上手な人だったらしい。虫を捕まえに森まで一緒に行くなど、楽しい思い出ばかりだそうだ。祖父母との静かな暮らしは、夫にとって決して忘れることができないほど幸せな時間だったようだ。

祖母のもとから引き取られ、両親と一緒に夫が暮らしはじめたのは、小学校低学年の頃だったらしい。当時の義父は仕事一筋で厳しい面もあったが優しい人で、楽しい思い出も多いそうだ。義母も明るく、活動的で、完璧なまでの専業主婦だったと夫は言う。非の打ち所のない家族像のように思える。しかし、私自身が義母から聞いた話を総合すると、少し事情は違うような気がする。私は今まで、義母ほど教育熱心な人に巡り会ったことがない。義母は、夫が四十歳を超えた時期になっても、受験の話題になると目の色を変えていたし、進学校の偏差値など熟知していた。私が中学受験をしたと知ると「あなたが育ったような田舎で、どこの中学を受験したの？　偏差値は？」と驚いて聞いてきた。嫌味というよりは純粋に驚いていたのだ。高校の成績はどれぐらいで、どの教科が好きで、そして大学にはストレートで入ったのかどうか、はじめて会った直後ぐらいの時期に細かいヒアリングを受けた私は、この人は相当な教育ママだったに違いないと確信した。当時からいい加減な私はすべて適当に答えていたが、「こうあるべし」という義母のこだわりは相当強いという印象を得た。そして、この勢いで育てられたとしたら、夫は窮屈だったのではないかと思った。

「こうあるべし」という思い込みが誰よりも強い義母は、結婚式の引き出物からドレスに至るまで、すべて自分の「こうあるべし」に我々が沿わなければ、沿うまで頑なに主張を変えない人だった。そして、そんな義母が結婚したばかりの私と夫に当然のように言ったのは、「子どもはいつ？」という言葉だった。大げさではなく、数百回は聞かれたと思う。いつ産むの？　仕事はいつやめるの？　どこで産むの？　何人産むの？　家はどこに建てるの？　二世帯同居住宅でしょ？　同居よね？　と、マシンガンのようだった。

私にとって、最大級のトラウマが出産のことなのだが、とにかく義母は、私の顔を見れば必ず、いつ子どもを産むのかと聞き、私が「お義母さんには関係ないことです」と答えれば、「関係あるに決まっている」と言って怒りを募らせた。今年こそはと何度言われたことか。

結婚したのは二十七歳で出産したのは三十五歳だが、途中何度か、産む気がないなら別れて下さい、不妊症であれば離婚して下さいと、遠回しに言われていた。結婚して数年後には、いつの間にかわが家の柱にお札が貼られたこともあった。安産祈願だった。それまでには、私も半分ノイローゼになっていたと思う。正月に会えば「今年の目標はおばあちゃんになること」なんて、正面切って言われるのだから、その頃の私があまりにも気の毒である。

　当時の私は、子どもを産むかどうかは、そのとき考えればいいやぐらいの気楽な暮らしをしていた。仕事もあったし、友人も多かったし、楽しいこともいっぱいで、夫と犬との暮らしを満喫していた。義母がいくらしつこく「仕事を辞めて出産を考えなさい」と電話をしてきても、会えば必ず「子どもは？」と聞いてきても、私も相当ずうずうしいタイプの女なので、適当に流していたし、留守番電話にして応答さえしなかった。しかし、適当に流すことが難しくなってきたのは、義母が母に電話をして、私に出産するよう説得を依頼したあたりだった。

　母が突然電話をしてきて、何やらモゴモゴと、「あの〜、お義母さんから電話があってねえ。あなたが産まないもんだから、心配されているみたいねえ」と言ったのだった。義母の執着が普通ではないと気づいたのがこのあたりで、同時に、もしかしたら義父も同じように考えているのではと感じはじめていた。私に対する義父の言葉が、なんだか遠回しに「早く産め」と言っているように思える機会が増えたのだ。

　母は「お義父さんとお義母さんの気持ちもわかるけど、出産は大変だし、あなたは心臓のこともあるから、自分で決めるのが一番。電話は適当に付き合っておくから」と言ってくれた。母の言葉がありがたかったが、怒りも募った。なぜ関係のない母を巻き込むのか。それに、母に何か言われたからと言って、考えを変えるような娘に見えるのか？　まだわからないっていうのか？　母からそんな状況を聞き、兄もかなり心配していた様子で、時折電話してきては「俺が話をしに行ってやるぜ！」と言っていた。お断りである。実はこの時期、兄も妻の両親と同居していて、彼なりに悩みがあったようなのだ。うれしそうに電話してきて、ああでこうでと自分のことばかり一方的にしゃべっては電話を切った。この時期の私の義父や義母に対する気持ちは、文字にしたらまずいレベルなので割愛する。

顔を合わせれば出産と言われ、孫のいるお友達がうらやましいと言われても白目で対応し、義母のお稽古事の教室の生徒さんには「不妊症なんですってねえ」と言われても、私は自分の生活を守った。周囲のプレッシャーをことごとく無視し続けた。そんな周囲の声よりも、仕事のほうが楽しかったし、やりたいこともたくさんあった。友人だってまだ出産していなかったし、バリバリに働いている人が多かった。結局、私が双子を授かったのが三十四歳で、出産は三十五歳のときだった。

母の悪い予感通り、産後、私の心臓は悲鳴を上げた。入院していた病院の担当医が循環器科での検査をアレンジしてくれ、検査が行われた結果、心臓が少し肥大していると診断され、入院が長引いた。足の浮腫《むくみ》がなかなか取れず、呼吸も苦しかった。とにかく、体の自由が利かず、気持ちが晴れない。双子が同病院内のＮＩＣＵ（新生児集中治療管理室）に入院していることも気がかりではあったが、自分自身の体調があまりにも悪くてそれどころではなかった。子どもたちは低体重だったものの大きな問題はなく、医師からもそれは聞いていたので、とにかく自分の体を休めることに集中しようと決めていた。出産直後、そのうえ心臓がギブアップしそうという状況。私からすると、まさに悪夢。それなのに！ここで私をよりいっそう苦しめたのが、義父と義母だったのだ。

どうしてもお見舞いに行きたい、双子を見たいと連日夫に電話をしてきて、根負けした夫は「見舞いに来させてもいいか」と私に聞いてきた。そのとき双子のいたＮＩＣＵは、親以外は入ることができない状態だったし、息も絶え絶えの私は誰にも会いたくなかった。特に義父と義母には会いたくなかった。それを聞いてくる夫も夫だと呆れたが、それが理解できるような人だったら、そもそも聞いてくるわけはないので……。

出産後、二週間程度入院した私は、ようやく退院することになったが、双子はまだしばらくの間（体重が二千五百グラムあたりに増えるまで）、入院することになった。私は退院して自宅に戻ったが、今にして思えば完全に産後鬱のような状態だったと思う。一日おきに双子のいる病院まで通い、ミルクを与えたりして家に戻るような生活だったが、家に戻る電車のなかでわけもわからず泣き、サラリーマンの男性に声をかけてもらったことさえある。母に連絡を入れ、手伝いに来てくれと頼んでも、なかなか来てくれない。来てほしくない人（義母と義父）ばかりが、どうしても来たいと繰り返し言う。そうだ、死のう！と思いはじめたのがこの頃で、本格的にギリギリの状態だった。どのようにして死ねばいいだろうと考え、夜な夜なインターネットで検索していた。もう一日たりとも我慢できない。どうすれば楽になれるのか。日増しに強くなるその気持ちに抗《あらが》うというよりも、ベストな方法を探すという日々が続いた。

ようやく双子の退院が決まった時点でなんとか精神的には持ち直していたものの、退院を今か今かと待ち構える義父と義母のテンションには心を削られるばかりだった。ようやく退院できた双子を乗せ、夫が運転する車で家に戻ると、義母が家から走って出てきて、双子を見て、「小さいわあ」と言っていた。義父は「ちゃんと飲ませてるのか」と言っていた。こうやって書いていて思うけれど、当時の私の状況は出産直後の女性にとってはもしや地獄なのでは……？

そして双子がわが家に戻った翌日から、義父と義母の連日の訪問がスタートした。月曜から金曜まで、冗談抜きに毎日である。断っても来る。朝来たら、午後までいる。手伝ってくれるのはありがたいが（いや、本当にありがたかったことも多かったのだが）、毎日来る人がいる日常は、まったく気が抜けないし、自由が一切なかった。今、認知症になった義母と体が不自由になってしまった義父のもとに、連日ヘルパーさんを送り込んでいる自分は、もしかしたらこのときの仕返しをしているのかもしれないと思ったら、ちょっと笑えてしまう。いやいや、ケアが必要なのだからやっているわけで、彼らが連日私のところに通ってくれたことも、立派なケアだったとは思う。

私がかなり早い時期に双子を保育園に通わせようと決意したのは、このような状況があったことと、当時の友人が私のなかなか消えない希死念慮を知って、勧めてくれたからだ。あなたのためにもよくないし、子どもにとってもよくない。仕事をはじめているのであればなおさら、保育園に預け、プロに面倒を見てもらうほうがいいと私を説得してくれた。この間に夫の関与がまったくなかったわけではなく、義父と義母、そして私の間に立って様々な努力を重ねていたことは書いておく。そして双子を保育園に通わせると同時に、私はメンタルクリニックに通うようになった。

双子が保育園に通いはじめたあとも、義父と義母の行きすぎた干渉は延々と続いた。しかし、仕事に完全復帰し、産後鬱の適切な治療を受けることができた私は、徐々に力を取り戻した。ふたりがどれほど電話をかけてきても、どれほどわが家への訪問を願ったとしても、仕事がある日はきっぱりと断ったし、自分の都合を完全に優先した。そこまでしなければ、諦めることがないふたりだったのだ。この頃までには、保育園でもママ友の間でも、義父と義母は有名人になっていて「また村井さんちの前に（ふたりの）車が停まってる！」と話題になっていたらしい。今となっては笑い話だ。当時はホラーだった。

出産後数年は、私にとっては辛いことばかりで、あまりいい思い出もない。幼少期の子どもたちの写真を見ることができるようになったのはここ最近のことだ。それまでは見ることもなかった。義父と義母の執着があまりにも重く、辛く、その恐怖がフラッシュバックするからだ。義父と義母を責めるのは間違っていると思う。彼らも、彼らなりに努力を重ねていたはずだ。そして、最近とてもよく理解できたことがあるのだ。彼らのあの強い執着は、私に向けられていたのではなく、ただただ、息子である私の夫の暮らしに向けられていたという事実だ。これが理解できた瞬間、多くを許すことができたし、夫の背負ったものの重さも知った。

子育ては、最近になって俄然面白くなってきた。いいことばかりではないが、成長した息子たちは立派な話し相手になってくれているし、彼らの成長を感じる瞬間が増えてきたことがうれしい。幼少期の彼らとの生活を心から楽しむことができなかったのは残念だったが、今があるからそれでいい。

恐怖を感じるほどの執着で私を悩ませた義父と義母だが、今となっては執着どころか、義母に至っては孫に関する記憶さえ徐々に曖昧になっている。自分の日々を、ゆったりと生きている。困りごともたくさんあるだろうけれど、それは周囲の人間が支えることができている。孫たちが顔を出すと、ヘルパーさんと間違えるのか、丁寧な言葉遣いで対応したり、自分のことを「おばちゃんはね」と言ったりして混乱状態にある。それでも、義母は本来の穏やかな人間性を取り戻している。激しかった頃の姿なんて、これっぽっちもない。素敵なお婆ちゃんになってくれた。今の義母が一番好きだ。あれだけ可愛がっていた孫なのにと残念な気持ちにもなるが、それも人生だと私は思う。認知症とは過去の悲しみを忘れさせてくれる病気と読んだことがあるが、それは本当なのかもしれない。義父も以前のようなしつこさは徐々に鳴りを潜め、ただの頑固なお爺ちゃんになっている。

私たち家族に対するふたりの強い執着で唯一残っているのは、正月のおせち料理とクリスマスケーキぐらいのものだ。いつ買うのだ、いつ準備するのだと本当にうるさい。その唯一の執着も、私の「まだ早い！」という一喝で、しゅんとしぼんでしまうのだから、家族の形も時間の流れによって大いに変わるのだなと今は考えている。

働き続ける正月から解放された女たち

今年（二〇二三年）の正月は昨年に引き続き、大変穏やかに過ごすことができた。最高に楽しくて、自由で、リラックスした正月だった。年末にせっせと注文しておいたカニやピザでわが家の冷凍庫は満タン状態。冷蔵庫には息子たち用の炭酸飲料がずらりと並んでいたし、キッチンにはカップ麺やお菓子が何種類も揃えられていた。まさに無敵だ。ここ数年、わが家の正月はこれ以上ないほど簡素化され、おせち料理は取り寄せのものとなり、私が作るのはお雑煮だけになった。本当に気が楽になった。それもこれも、ほんの数年前まで毎年悩まされた、真冬の滝行と同レベルで厳しい修行のような正月を、十年以上も過ごした反動である。

わが家で当然のように継続されていた「大晦日《おおみそか》から正月三が日にかけて義理の両親が宿泊しにやってくる」という謎の限界突破イベントは、四年前の事件を境に途絶えた。なぜ私の正月が長年にわたって我慢を強いられる地獄イベントになっていたのかは、今となってははっきりした理由がわからない。義理の両親は、当然のように毎年宿泊しにやってきたし、夫も拒絶せず、私も断ることができなかった。そして、ふたりがそうすると言って聞かなかった。特に、義母は毎年、わが家に宿泊することを何よりも楽しみにしていた。毎年夏頃から正月の話をしはじめる義父と一緒に、楽しみだわと何度も繰り返すという、じわじわとした圧力は、年末に近づくほど強くなった。残念ながら私に正月休みなんてものは存在しなくなり、その期間は十年をゆうに超えた。

正月が耐えがたい行事となってしまった反動で、年末年始の仕事はこのうえなく捗《はかど》るようになった。義理の両親が滞在する正月に、私はせっせと原稿を書くようになったのだ。心のなかに沸き上がるマグマのような感情を、原稿にぶつけて鎮火することが、いわゆるウィンウィンの関係なのではと無理矢理考えた。そして、正月に一冊書き上げてしまう勢いで働くようになった。パソコンのモニタに向かって一心不乱にキーボードを叩き続けていれば、誰も話しかけてこなかった。だから、書いて書いて、書きまくった。そのおかげで出版にこぎつけることができた本もあり（そのうえ私史上稀《まれ》にみるヒットになったので）、禍《わざわい》転じて福となすということでよかったのだが、本当にそれでよかったかどうかは微妙である。今にして思えば、他にやり方があったのかもしれない。話し合いをすればよかったのかもしれない。正月ぐらい、お互い自由にやりましょうやと腹を割ればよかったのかもしれない。しかし、義理の両親の強すぎる正月への思いを断ち切るだけのパワーが私にはなかった。それではなぜ、四年前を最後に義理の両親がわが家に宿泊することがなくなったのか。きっかけは、義母の認知症発症と、その初期における激しい怒りの発作にあった。

四年前の大晦日、朝九時からわが家の電話は鳴り続けていた。一刻も早くわが家にやってきたくてたまらない義父からの電話だった。私に冷たく遇《あしら》われた義父は、業を煮やし、今度は義母に電話をさせた。義父に何度も催促される義母はストレスを感じていたようで、その日数回目の電話で、もう行ってもいいかと夫に聞いていた。夫は「夜にしてくれ」と言っていたが、毎年、義理の両親は昼過ぎには布団を持参してわが家に現れ、もちろんこの年も昼過ぎにはわが家にやってきた。そして私は、何かに取り憑《つ》かれたように原稿を書いていた。おかげさまで、急ぎの仕事はいくらでもあった。この年も、納めることができなかった仕事はいくつもあったのだ。完全な現実逃避だとはいえ、私はとにかく自分以外の世界からの音をシャットアウトしたくて躍起になっていた。何せ、朝から気分が優れなかった。実はこの年の三月に私は生涯二度目の心臓手術を終えたばかりで（私は先天性の心疾患を持って生まれてきて、七歳で一度目の手術を経験している）、体調も本調子とはとても言えなかったのだ。特に悩まされていたのは、漠然とした不安感だった。突然命を脅かすような深刻な病気を宣告され、入院、手術を経験した私の精神状態は、この時点で悪化の一途を辿っていた。つまり、正月どころではなかったのだ。

それなのに、義理の両親はわが家に宿泊するという。それを夫も許すという。確かに私は医師が驚くほどの復活を遂げていた。自分でもびっくりしてしまうほど、普通の生活を送ることができていた。でも、それは目に見える範囲の話であって、精神状態まで完全復活できていたわけではない。普通、中止にならない？　と、夫には何度も言った。逆の立場になってみなよ。あなたが手術をした年の年末に、私の両親がここに三泊するとか、どう考えてもおかしいでしょ!?　仮にふたりが宿泊したら、私は朝から晩まで何かしら家事をしなければならないし、ストレスばかりの時間を過ごすことになる。実際、それまでの十年程度、一瞬たりとも気の休まらない正月を過ごしてきた。手術をした年、そして死にかけた年の大晦日、義理の両親の相手をしなくちゃならないなんておかしな話じゃない？両親と私の間に挟まれて困り果てた夫は、すべての家事は自分が引きうけると堂々と宣言した。そういう問題ではない。そういう問題ではないのだ。

このときまだはっきりとわかっていなかったのだが、今にして思えば、義母はすでに認知症をしっかり発症していた。本来の義母であれば、「あなたは絶対に休みなさい」と言って、まかり間違っても手術直後の私がいるわが家に、大晦日から正月にかけて宿泊などしなかったはずだ。義母は筋の通ったところがある人だったし、辛辣なもの言いはあったが、人に対する思いやりは十分持ち合わせている人だった。特に、私に対してはそうだった。あなたは働きすぎているから休みなさいね、とことあるごとに言葉をかけてくれたし、食材を揃えてわが家まで運んでくれるという優しさも頻繁に見せてくれていた。本来の彼女であれば間違いなく、お正月用の食材をわが家に持ってきて、キッチンを磨き上げ、冷蔵庫を整頓し、そして「ゆっくりしなさいね」と言い、家に帰っていっただろう。しかしこの年の大晦日、義母は正月の準備を何もしていない私に、なぜ何も買っていないのかと詰め寄った。自分にとって人生が大きく動いたこの年、家事に対するやる気が枯渇していた私は、正月用の食材など揃える気力もなかった。病院から言い渡された塩分制限が厳格で、料理が面倒になっていたのも理由のひとつだ。自分の面倒だけで精一杯だったのだ。

それにしてもなんだかワイルドな詰め寄り方だった。私からすると、そんなの手術したからに決まってんじゃん！　そんなことも忘れたの⁉　という思いだったのだが、義母は実際に、すべて忘れている様子だった。唖然とした。そのうえ、強い怒りをひっきりなししに私に向けてきた。突然の怒りは認知症の初期症状によくあることと今なら理解しているが、当時の私にその知識はなかった。年を取って頑固になったのかもしれない。機嫌が悪いのかもしれない。義母がそこまで怒りを募らせる理由もはっきりしないまま、私にとってはまさに踏んだり蹴ったりという状況になってしまった。

機嫌の悪い義母をなんとかなだめつつ、義父が何か月も前から準備していたおせち料理がテーブルに並べられ、家族揃っての食事がはじまった。紅白歌合戦を見つつ酒を飲み、上機嫌になった義母は、今度は私に何度も酒を勧めてきた。その都度、結構です、私、お酒はやめてますのでと丁寧に断った。そりゃそうでしょう。お酒を飲んでいる場合ではないでしょう。何せ私、病人ですから。しかし、すべてを忘れている様子の義母は決して諦めない。病気？　そんなの嘘じゃないですか、あなた、病気なんてしてないわよと言いながら、何度も何度も、私に酒を飲ませようとし、それを私が断るという緊張感溢れるやりとりが延々と続いた。もうこうなってくると意地の張り合いである。

私が五回ぐらい断ったところで、義母はとうとう激怒した。あなた何か文句があるんですか！　私の酒が飲めないって言うんですか！　嫌なんだったら私は帰りますよ！　と、大声を出して立ち上がった。びっくりした義父が止めに入る。夫も慌てて止めに入る。しかし怒りを抑え切れない義母は階下まで早足で行き、何やらドン！　バン！　と殴り、そして荷物をまとめて実際に帰ろうとしていた。車に乗り込み、ブオン、ブオンとエンジンを吹かしていた。慌てた義父が運転席に覆い被さるように体を張って説得していたが、義母の甲高い声はしばらく続いた。私は驚くのを通り越して、すっかり観察モードに入っていた。夫は「何かおかしいな」と言っていたが、おかしいなんてレベルの話ではない。まるで別人である。義母は決してこんな乱れ方をする人ではない。何度も執拗にお酒を勧め、それを私に断られたと激怒するなんて、本来の彼女ではない。加齢か、それとも何か理由があるのか？　いくら考えても正しい答えは見つからないように思えた。息子と夫に必死になだめられた義母は車からようやく出て屋内に戻ったが、怒りは階下で夜中まで続いていた。私は静かにパソコンに向かい、義母の様子をメモしはじめた（このメモも数年後には一冊にまとまった）。

そして夜が明けて元日の早朝、晴れやかな笑顔で居間にやってきた義母は、私に明るい声で「あけましておめでとうございます。今年もよろしくお願いしますね。ゆうべは美味しいごちそうをたくさんありがとうございました。とても楽しかったわ」と言った。……やはり忘れている。ゆうべのあの大騒動を、義母は忘れている！　義父は不安そうな表情で、義母の横に立ってもじもじしていた。私はすっかり観察モードのスイッチが入り、何ごともなかったかのように和やかに挨拶しつつも、横目で義母の一挙手一投足を監視した。夫と私は首をひねり続けた。彼女にとって年末と正月はとても大切な時季だ。だって、彼女が大好きな孫と長い時間一緒に過ごすことができ、わが家に宿泊だってできる。それなのに、あの怒りっぷりは一体なんなのだろう。もしかして、本当に義母は認知症になってしまったのではないか。このところ、突然私に電話をしてきては、よくわからないことを言い、声を荒らげて叱責したことが何度かあった。その都度、「?」という気持ちだった。よくよく考えてみれば、おかしなことはたくさんある。私が手術したことを忘れるなんて、おかしいのではないだろうか。だって、私が不在の間、この家に何度も通って、夕食を作ったり、学校から戻る双子を迎えたりしてくれたのは、義母本人ではないか……いや待てよ、確かに義母はいろいろとやってくれてはいたが、ペットのハリーを逃がしてしまったり、突然前触れもなくわが家の鍵を開けたまま実家に戻ってしまったり、おかしな様子は多々あった。この年の正月、前の晩の大波乱をすっかり忘れてご機嫌に過ごす義母を見て、私と夫はようやく理解した。彼女に大きな変化が起きていることを。

結局、四年前の大晦日を境に、わが家のお正月事情は大きく変わった。次の年の夏頃に義父は脳梗塞で倒れて入院し、突然のことにショックを受けた義母はますますもの忘れがひどくなった。場所が変わると混乱するようになった義母は、わが家に宿泊することができなくなったし、短時間であっても滞在することができなくなった。今となっては、わが家の場所も、どんな家だったのかも忘れてしまったと思う。

あれだけ楽しみにしていたわが家で過ごす正月がなくなってから四年が経過し、義母は今年の正月を実家で義父とともに過ごした。義父が半年ほど前から用意したおせち料理を食べながら、穏やかに、和やかに、笑顔で孫と話をする義母を見ながら、家族の行事もこうやって変わっていくのだろうと考えたが、義母は果たして、どのように感じているのだろう。昔の正月のことを懐かしく思い出したりするのだろうか。料理が得意な人だったが、夫が子どもの頃は、おせち料理やお雑煮を作って、正月だというのに忙しく働いていたのだろうか。

私が子どもの頃、正月はこのうえなく特別な、家族で過ごす大切な時間だった。このときだけは、家を空けがちだった父も家にいたし、いつもは鉄砲玉のようにどこかに行ったきり帰ってこない兄もちゃんと家にいた。母は年末近くになると漁港の物品販売所やスーパーに行って、大量の食材を買い求めた。港町には、安くて美味しい魚介類は豊富にあった。母はそんな食材を大胆に使って、大晦日の朝から様々な料理を大量に作っていた。母は料理がとても得意だったし、私も兄も父も、彼女の作るメニューが大好きだった。母は自分の料理で家族を繋ぎ止めようとするかのように、正月を迎える私たちのために、手料理を次々と作っていった。何種類も、大量に。

昼過ぎになると、空の重箱を持った知人や親戚が何人も家にやってきた。母の作った大量のおせち料理はダイニングテーブルにところ狭しと並べられていた。重箱片手に家にやってきた人たちは、挨拶もそこそこに、思い思いに母の手作りのおせち料理を菜箸を使って重箱に詰め、母にお礼のお菓子を手渡したり、酒瓶を置いて帰ったりした。料理を喜んでもらえることに、母はやりがいを感じていたと思う。これが友人知人に対する、一年の恩返しだとも言っていた。母が働き続けるキッチンで、祖母は朝から寿司を握っていた。魚介類が豊富にある土地だからこそ、各家庭にオリジナルの握り寿司や巻き寿司があり、それを作るのは年寄りの役目だった。母も祖母もこの大晦日の行事が好きだったと思う。私も家族で過ごす大晦日と正月が、どんな行事よりも楽しみだった。

こたつを置いた居間にひとり、またひとりと親戚や知人が集まってくる。母の料理がようやく終わる頃には、紅白歌合戦が始まっていた。父も兄も母も祖母も、大晦日は誰もが上機嫌で、家のなかが幸せな雰囲気に包まれていた。私も、朝から浮き立って、キッチンに立つ母にまとわりついては叱られていた。人が集まってくる年末が、誰もが幸せそうな正月が、私は大好きだった。誰もが笑顔だった。

元旦、目を覚ますと枕元には新しい衣類と下着が一式必ず揃えられていた。兄と私は大喜びで着替えて、そして居間へと急いだ。父と母がお年玉を用意してくれているからだった。兄と一緒に並んで座り、両親と祖母に元旦の挨拶をして、お年玉をもらった。兄は一年で一番好きなのはお年玉をもらえるお正月だよといつも言っていた。元旦は大きな寸胴鍋いっぱいに母が作ったお雑煮を食べた。お雑煮やおせち料理のほかにも、お菓子は豊富に用意されていたし、ジュース、ビール、日本酒、ワインなど、ありとあらゆる飲み物が冷蔵庫に詰め込まれていた。一年で一番楽しくて、贅沢をする日。それがわが家のお正月だった。

昼前になると、両親の店で働く従業員の人たちが年始の挨拶にやってきて、ひとり、またひとりと居間に上がり込んでは母の作った料理を食べながら、ビールを飲んで、昼間かららへべれけに酔っていた。私と兄はそんな酔っ払いの人たちからいくつもお年玉をもらい、その都度兄の部屋に行き、ふたりでいそいそと中身を数えた。午後、大人たちが酔っ払って寝てしまうと、もらったばかりのお年玉を握りしめて駅前のおもちゃ屋に行く。兄はプラモデルと塗料をたくさん買い、私は大好きなキャラクターグッズをいくつも買った。元日の町はとても静かで、車は一台も走っておらず、いつもと同じ駅前通りのはずなのに、まるで異国の地に来たような気持ちがしたものだった。

そんな楽しい正月は、父が亡くなる前年まで続いた。父が亡くなってからは、一度も家族で正月を過ごしたことはない。兄は家を出たし、私も進学して家を離れていた。祖母は毎年年末になると、帰省しておいでと電話をかけてくれたが、母からはなんの連絡もなく、私が「お正月はどうするの？」と聞いても、曖昧な答えしか戻ってこなくなった。下宿先で、ひとりぼっちで寂しいけれど気楽な正月を過ごすことに慣れてしまうと、帰省する理由はますますなくなっていったし、母や兄に会いたいとも思わなくなった。当時、地方出身なのに帰省せず、ひとりで年を越す学生は私の周りには何人もいた。そんな学友たちで誘い合って年を越すようになると、当然そちらのほうが楽しかった。兄はふらりと私に会いに京都にやってくることがあったし、母も同じように、たびたび京都に恋人とやってきては、私に会っていた。だから、無理をして集まることもない。そんな気持ちでいた。

私がようやく四回生となった年の年末、今年こそは戻っておいで、いろいろあって大変だったけれど、もう一度家族の正月を過ごそうと母に言われ実家に戻ったが、そこにはひとり寂しくこたつに座る祖母しかいなかった。母は旅行に出てしまい、同じく母に誘われていた兄も一足先に戻ったものの、怒って帰ってしまったということだった。祖母は泣いて引き留めてくれたが、私も母への怒りを抑えることができず、京都までとんぼ返りをした。私が過ごした実家での正月は、結局、父が亡くなる前年の十八歳のときが最後となった。
このときの母の年齢とちょうど同じぐらいになったのだが、今にして考えると、母のこの裏切りもまったく違ったものに思えてくる。迷惑ばかりかけ続ける息子と、思いやりの欠片も見せない娘。そんなふたりの子どもに翻弄され、自分の母まで養いながら働き続けていた彼女からすれば、すべてを忘れて好きな人と旅行に出ることは、魅力的な逃避行に思えたのではないか。無意識にやったことでもなく、約束を忘れていたわけでもないと思う。彼女は、すべてわかっていて、それでも旅行に行った。行かないという選択肢はなかった。薄暗い実家にひとり、自分の母親を残したとしても、子どもたちが久しぶりに集まるとわかっていても、ふたりを徹底的に怒らせることになったとしても、彼女をそのとき生かし続けていたのは、家を離れることだった。私がそれまで信じ込んでいた、「母が何より好きだった、料理を作り続ける正月」が、彼女が本当に望んでいたことかどうか、今となってはわからない。母から強烈なしっぺ返しをくらったあの正月から三十年が経過して、ようやく私は母の本音を理解できたような気がしている。

さて、今年の正月、少し面白いことが起きた。私たち家族は大晦日の夕方過ぎに夫の実家に行き、義父が準備してくれていたおせち料理を堪能した。近所の料亭に注文したという高級なもので、大変美味しかった。義母は少し表情に乏しく、あまり状況を把握できていないように見えたが、和やかに孫たちと会話する彼女は幸せそうでもあった。紆余曲折あったが、このようにして互いにストレスを感じることなく正月を迎えられるなんて、本当によかったわと思っていたのだが……。おせちを食べていた手を突然止めた義母が私に、「あなた、女の子も産みなさいよ」と言ったのだった。あまりのことに、私は大笑いしてしまった。いや、もう無理ですよ！　私のこと、何歳だと思ってるんですかと尋ねると義母は「三十五歳までなら産めるじゃないですか」と言ったのだった。義母が何を考えてそんなことを言い出したのか想像することもできないが、義母のこんな突拍子もない発言を、なんとなく懐かしくも思ったし、この呪いはどうやら消えそうにないと悟ったのだった。

それでも気分は晴れやかだ。母も私も、働き続ける正月から解放されたのだから、それ以上おめでたいことはない。来年のお正月も私は楽しく過ごすつもりだ。そしてきっと義母も、しがらみのすべてを捨て去って、気楽に過ごすことができるだろう。

兄の遺品は四十五年前に母が描いた油絵

私がはじめて夫の実家まで、夫の両親に会いにいった日、義母は不在だった。ずいぶん前もって、会いにいくと伝えていたというのに、その日に限って外出中だった。これを書きながらじわじわと笑いがこみ上げてくるのだが、そんな感じの出会いだった。義母はその日、確か京都までお茶会に行っていた。きっと、わざと行ったに違いない。

私と夫が到着すると、義父が義母の不在について申し訳なさそうな様子で待っていた。義父は人当たりのいい男性なので、笑顔で私を歓迎してくれたが、開口一番彼が言ったのは、私が義母の営んでいるお稽古事の教室にまずは生徒として参加し、そして将来的にそれを継ぐ気があるかどうかということだった。私は困ってしまった。そんな気は、これっぽっちもなかったからだ。一ミリもなかったからだ。

そう言えば夫は（当時はまだ夫ではなかったが）、付き合いはじめてから「うちのおふくろがちょっと難しくてさ〜」とか「お稽古事の教室をやっていて、生徒さんが多いんや〜」などなど、ちらちらと私に言うことがあった。私はそう聞くたび、「ふーん……で？」と対応していた。正直なところ、それが何？　お稽古事の教室で生徒さんが多いなんて素敵だね、最高のお母さんだね、超優秀だね……程度の感想しか持っていなかった。「それで、おふくろがもしかしたら、一緒にやろうって言うかもしれない。そのときは完全に無視していいから！」と言った。完全無視は得意なので、「了解！」とばかりに答えていたような記憶がある。もちろん、そんなに簡単に解放されるわけがないとは思っていたが、まさか大事《おおごと》になるとも考えていなかったのだ。しかし夫の両親に会いに実家に行った当日、義父はいきなりお稽古事の教室を継ぐ気はあるかと言い、義母はお茶会で京都だった。蓋を開けてみれば事情はまったく逆。逆と言うよりは地獄寄りな状況になっていた。

「お母さんの教室には生徒さんが二十人ぐらいはおるんや。そこで、あなたにも手伝ってもらいたいというのがお母さんのたっての希望で、それが結婚の条件ということやったけど、どうやろう」と義父は言った。

結婚の条件って言われましても……と戸惑う私。なんだこれ、めちゃくちゃ面倒くさい状況になってるんじゃないか、逃げるんなら今だなと思った。逃げるんだったら、そろそろ切り出して、ダッシュで車まで戻ればよい。タクシーを呼んでもいいな……と現実的に考えたあたりで、義母が戻ってきた。両手に荷物を抱え、着物姿で、息を切らせて私たちが集まっていた居間にやってきた。そして居間を通り過ぎて自室に真っ直ぐ入っていった。私に一瞥もくれず、である。

これはまずい、かなりハイレベルな戦いになるのかもしれないと思った私だったが、斜め前に座る義父が小声で「大丈夫やから」と笑い、夫まで「大丈夫、いつものことだから」と言ったので一応納得した。しかし、いつものことってなんやねん。いつもあんなんだったら地獄じゃないか。不安になりつつも、当時まだ若かった私はことの重大さに気づいていなかった。どうにかなるさというのんきな気持ちで、冷めてしまったお茶をすすりながら、義父とたわいもない会話を続けていた。そして約十五分後、洋服に着替えた義母が居間にやってきた。開口一番、「それで、教室は継いで下さるの?」だった。

私は、「いや〜……、そのお話は先ほど聞いたばかりでしてえ……」と思い切り誤魔化した。すると義母は「息子にはそれが条件やと言うてあります」と、はっきりと言った。銀縁の眼鏡がギラギラと光り、唇に塗られた鮮やかな赤い口紅が怖かった。義母はこのとき、六十代前半。たぶん、彼女の生涯で最も血気盛んで、何ごとにも精力的に動いていた時期で、そんな時期にひとり息子の結婚が決まるかもしれないという状況だったわけだ……目の前に座る、この得体の知れない小娘との。それも、お稽古事の教室を継ぐのかと聞いたのに、それはちょっとわかりませんと、くねくねしているのである。

イライラとした様子で「あなた、着物は持ってる?」と、いきなり義母は聞いた。聞かずとも持っていないことはわかっていたと思う。そういう聞き方だった。私は素直に「持ってません」と答えた。「成人式用に母が用意してくれましたけど、興味がなくて着ませんでした」とも言った。なんと親不孝な娘だろうと思うが、それは一旦置いておいて、義母は私の答えを聞くと、本当に軽くだが舌打ちをし「それやったら呉服屋さんを呼びますわ。来週、来れるわよね?」と言った。私は一応、「は、はい……」と答えた。この場から逃げるにはそう言うしかないという野生の勘に基づいて、私は義母が懇意にしているという呉服屋さんによる採寸に呼び出されることが決定した。

結局義母は、私から「将来的に結婚したら、お稽古事の教室を引き継ぐことに関して、最大限努力します」という言葉を引き出すことに成功した。努力しますというよりは、ここにいると取り憑かれそうなので、一旦逃げるために努力を約束いたしますという感じだった。義母は最後に「あなたの手に職をつけてあげます。これからの社会、手に職がなければ生きていけないですから」とも言った。義母は続けて「もし結婚するとしたら、勝手に実家には戻らないでください。こちらの許可を取ってください」とも言った。

実は私は、義母のこの驚くべき発言を受け、少し安心した。この一見恐ろしいお義母さんは、世の中のすべてを知っているようで、実はあまり理解していないのかもしれないと感じたのだ。息子の妻になるかもしれない女性に対して、「手に職をつけてあげる」とは、なかなか言えない台詞《せりふ》だ。何せ、私はそのとき働いていたのだから！　私の今の仕事も、夢も、希望も、すべて完全に無視した状態で、自分が考える最善を「あなたにあげる」と言うのだから、もしかしたら、とんでもなく狭い世界で生きている人なのではないか。「許可なしで実家に戻ってはいけない」という発言も、驚くほど時代錯誤である。限定された狭い世界のなかでのみ生きていることが、義母の突拍子もない発言の理由だとしたら、攻略法なんていくらでもある！　と私はウキウキした。何せ私は、変な人には相当慣れているからだった。

実際、私の生まれた家は変人ばかりのメンバー構成だった。父はかなりクセの強い人で、そのあまりの変人っぷりは近所でも有名だった。母は、ぱっと見は普通で真面目な人だったが、驚くべき収集癖があった。兄は、父の変人要素と母の収集癖要素を足して二十五倍ぐらいにした人間だった。結局私が一番普通で、変な人たちの扱いも、世渡りもうまかった。変人サンプルを多数目撃し、訓練を積んだ状況の私が見た義母は、どう考えても私の家族よりは変ではなかった。変な人に対応しようと思ったら、自分も変な人になり切ればいいと幼少期から学んでいた私は、これはいけると謎の自信を抱いたのだった。

そしてはじめて義母に会った日の翌週、私は義母から呼び出しを受けて、懇意にしているという呉服屋さんとはじめて会い、採寸してもらうことになった。反物がずらりと並び、好きな色や柄を選べるようにしてくれていたが、興味がないものだから、自分でも嫌になるほど感情が動かない。私の気持ちを察してか、呉服屋さんが「お若いから明るいお色はいかがかしら」と言ってくれ、私は曖昧に「……ウス…」みたいな返事をして、這々《ほうほう》の体《てい》で夫の実家から逃げ出した。その日以降、義母は私のために着物を注文し続けた。そして私をお茶会に連れていこうと躍起になった。これが嫁です、この子です、これから門下生になりますと紹介したくてたまらない様子だった。実家で開かれたお稽古事の集まりにも、何度も何度も呼ばれた。不思議とすべて記憶に残っていないのは、私の魂がそこになかったからだと思う。とにかく、興味がない、集団になじめない、楽しくないの三拍子だった。魂が抜けた状態で、義母のお稽古事の集まりに行くと、義母は必ず人前で私を叱責した。

私は実は女子校出身なので、女性が多く集まる場所での振る舞い方は熟知している。面倒になったら逃げる、それ一択だ。だから、お稽古事の集まりに退屈すると私は必ずその場を抜け出した。ホテルではロビーに逃げて一服し、お寺などでは勝手に散策をした。そんな私を同い年だった目ざとい生徒さんが何度も見つけては、またサボっていますと義母に言いつけた。言いつけられた義母は、激怒した。やる気がないなら今すぐ帰れ！　と怒鳴った。だから、そのまま帰り、ある日を境に、二度と集まりには行かなくなった。来なさいと言われても、頑として断った。何枚も揃えてもらった着物も、たんすに眠ったままになった。そのうち義母は、宇宙人を見るような目で私を見るようになった。理解できないことが不安そうで、それが表情によく出ていた。手に職をつけてあげようとしているのに、なぜこの子は拒絶するのだろう。なぜ？　今までは誰もが私の気持ちを理解してくれていた。それなのに、この子はなぜ？　そう思っていたに違いない。

もっとウェルカムな雰囲気で、共通の趣味を持った者同士が和気あいあいと楽しめるようなお稽古事だったら、私も参加していたかもしれない。常に誰かと競い合わなくてもいいような場所だったら、好きだったかもしれない。とにかく、義母は集団のトップに君臨し、力を誇示したい人のように見えたし、生徒さんのなかにも明らかにヒエラルキーがあり、いじめる側といじめられる側のように集団が分かれていた。私は結局、どれだけ頼まれても、一切、義母のお稽古事には関与しないという姿勢を最後まで崩さなかった。どれだけ義母に叱責されても、義父と夫に懇願されても、私が行っては迷惑になると言って、絶対に行かなかった。頭のなかが常に興奮状態の私が、お茶やお花の静の世界を理解できるわけがないのだ。これは私の特性なのだし、仕方がないことだと思う。

それが変化したのは三年前のことだ。義母の生徒さんのひとりで、長年通い続けてくれていたAさんという方が、私に連絡をくれた。そのときすでに、義母の生徒さんはAさんともうお一方しか残っていなかった。まだ義母が認知症だと誰も気づいていない時期、義母は多くの生徒さんを失っていた。それは義母の勘違いによる叱責が続いたことが原因だと聞いている。たぶん、認知症初期によく現れる苛立ちの症状が出はじめていたのだろう。Aさんは電話口で言いにくそうに、ここ二年ほど、義母の様子がおかしかったこと、もうこれ以上、お稽古事として継続できないような状況にまでなってしまっているということを教えてくれた。Aさんは、義母になんと言っていいのかわからないから、少しお休みしますとだけお伝え下さいと、精一杯の愛情を込めて言ってくれた。義母が生涯をかけて愛して、そして守ったお稽古事の教室は、Aさんを最後に終わることとなった。

最近の私は、義母の様々なお稽古事関係の契約を解約することに忙しい。生花、定期購読雑誌、集まりの年会費などなど、何十年も続けていただけに、山ほどある。お稽古事を通じて知り合った方々のなかには義母の現状を知らない方も多く、お茶会へのお誘いも多々ある。それを欠席する連絡を入れるのも私の役目となっている。義母は茶道も華道もすっかり忘れてしまったかのようでいて、時折、Aさんのことを話したりする。あの人、今度はいつ来てくれるかしらと待っているようだ。その都度、Aさんはお元気にしてますよ、遊びに来てくれるといいですねと伝えている。デイサービスの職員のみなさんにも、義母が今までお稽古事に生涯をかけて生きてきたことを伝えてあり、デイサービスではお茶とお花の先生という役割を与えてもらい、いきいきと活動しているという。デイの方が書いてくれた、「いつもきれいにお花を生けてくれてありがとうございます」というメッセージカードを、義母は大事そうに壁に貼っていた。「お義母さん、デイは楽しいですか?」と聞くと、「楽しいわよ! すごく気分転換になるわ。だってお仕事があるから」と言っていた。

「師範」だとか「先生」といった鎧を脱いだ義母は、なんと付き合いやすいことか。あれだけ多くの生徒を抱えていた義母にはもう、雑用係の私しかいない。でも、今の義母のほうがきっと、誰からも好かれる人になっていると思う。

私の実母は多趣味でなんでもこなすけれど、どこかの教室に属したり、例えば師匠がいるなんてことはなかった。私の記憶に残っている彼女の一番の趣味はパッチワークで、専門雑誌を買ってきては憧れの作家の作品を真似して縫ってみたり、展覧会に足を運んでみたり（興奮して戻ってきては、「素敵だった」とうれしそうにしていた）、新しいパターンを自分で考えると、いてもたってもいられないようで、夜遅くまで針仕事をしていた記憶がある。仕事が休みの日には端切れを買いに遠くの町まで行って、両手に抱え切れないほどの布を購入していた。その、母にとってとても楽しい日にはもちろん私も一緒に出かけた。持ち帰った布を見ると母はとても喜んで、「あなたにも何か作ってあげるね」と言ってくれた。高校を卒業して家を出てからも、出かけた先で可愛い布地を見つけると、母のためにいくつか見繕って、実家に送っていた。その都度、母は喜んでお礼の電話をくれたものだった。

母がはじめて作ったパッチワークの小物は、父の眼鏡入れだったと思う。青系の布地を使って複雑なパターンを縫い上げていた記憶がある。父はまんざらでもない様子でそれを使っていた。次に母が作ったのは、私のベッドカバーだった。端切れを山ほど買ってきて、寸法を測って、切って、一枚一枚縫い上げていく作業は私から見れば終わりがないように思えたけれど、数か月かけて母は大きなベッドカバーを完成させた。そのベッドカバーは今でもわが家の納戸の隅に保管されている。

母はよく、「老後はゆっくりと、パッチワークだけをして過ごしたいわ」と夢を語っていた。「兄ちゃんが出窓のある家を建ててくれるらしいから、その窓際にロッキングチェアを置いて、そこで縫い物をしたい」という、ささやかな夢も語っていた。母のために兄が建てる、出窓のある家。そんな家が実際に建って、そこでゆったりと縫い物をして暮らす晩年があったらどれだけよかっただろう。実際のところ母は、薄暗く、寒い実家でこたつに入って、何をするでもなくテレビを眺めていた。出窓のある家を建ててくれるはずだった兄は、母を残して東北に引っ越していた。

パッチワーク以外で母が好きだったのは編み物だ。母の妹（私の叔母）がとても手先が器用で、驚くほど繊細な作品を編むことができる人だった。母も叔母と同じように手先がとても器用だったが、叔母が繊細な作品を作る一方で、母は大胆な作品を作るのが好きだった。その大胆な作風で編まれたセーターを着るのは私の役目で、私自身は、叔母の編んだ目の細かく美しいセーターが着たいなといつも思っていた。母の大胆なデザインのセーターは首回りにしめ縄がついているようで、どう見てもおかしかった。そうであっても、母の編み物好きは本物で、来る日も来る日も毛糸に向かっていた。私も実は編み物や縫い物が大好きで、母には何度もやり方を教えてと頼んだが、母は集中しているときに誰かから話しかけられるのが何よりも苦手らしく（私もそんなところがある）、あまり教えてはくれなかった。

次に母が凝ったのが油絵だ。突然、狭い和室にイーゼルと絵の具が大量に持ち込まれ、母は仕事が終わると、毎晩夜中まで何やら描いていた。私の記憶では、この油絵の趣味は相当長い間続いたように思う。少なくとも、数年は続いていたはずだ。それまでジャズ喫茶だった店を、父の死後は画廊喫茶へと変えて、月に一回、地元の作家とともに作品の発表会のようなものをしていた時期もある。書棚には美術書がずらりと並ぶようになった。私からすれば、大変凝り性で、一旦火がつくとなかなか消えないのが母という人だった。


先日、兄の元妻から連絡があり、兄が大切にしていたものを、私に託したいという。それは一枚の油絵なのだそうだ。

「私が保管するのもなんだから、送っていいかな。ママ（彼女にとって元義母である私の実母）が描いたものらしいんだよね」ということだった。母が描いた油絵を兄は後生大事に持っていたらしい。そしてそれを保管していたのが、兄の元妻だったというわけだ。なんというややこしさだろうと思いながら、どんな絵なのか興味が湧いた。

「あの人がさ、これって子どものときの理子にちょっとだけ似てるって言って、ママが理子ちゃんを描いたと信じ込んでいたんだよ」ということだった。私はすぐに返事を書いて、申し訳ないけれど、こちらに送って下さいと頼んだ。兄が生前、「これはかあちゃんが描いたものだから大事にしておくんだ」と言っていた油絵。私の子どもの頃に似ていると頑なに信じ、保管していた油絵。それは何がなんでも見なくてはならない。そして母と兄の死後何年も経過してわが家に届いたのは、四十五年前の日付のあるぼろぼろのキャンバスで、描かれていたのはルノワールの「髪をとかすブロンドの女の子」だった。なんだよ、ルノワールじゃんと思った。練習として模写したのだろう。私、金髪じゃないっていうの。兄ちゃん、ほんっとバカだねえと笑いが止まらなかった。

そして母が生涯かけて愛した趣味は、読書だ。母が喫茶店を経営していたのは港町の駅前だったが、母の店の隣に仲の良い親戚の経営する店があり、その横に書店があった。母と親戚と母の友人は、誰かが駅前の書店で話題の本を買って読むと、必ず仲間に貸して、みんなで読んだそうだ。いわば、ブッククラブのようなことを長年していたらしい。母が誰かと趣味を共有していたのは、それぐらいのもので、パッチワークにしても、油絵にしても、母は仲間を作らず、ひとりで静かに時間を楽しんでいたように思う。楽しんでいたように見えていたひとりの時間が、最後の最後に、とても孤独なものになってしまったのが残念だ。私が気づいてあげることができていたらと思うことは多々あるが、それもまた、親子関係の難しさなのだろうとも思う。

ちなみに今現在、母のブッククラブのメンバーだった叔母に本を送るのは、私の役目になっている。

昭和時代の女と家事

幼い頃、私が両親と住んでいた数軒の家を思い出すと、ぼんやりと浮かんでくる風景がある。カーテンから差し込む光、縁側の座布団で寝る柴犬、狭い和室に置かれたストーブとちゃぶ台、玄関先に置かれていた鉢植え。どれもとても懐かしいシーンだが、同時に雑然とした風景でもある。

例えば玄関だ。玄関先には鉢植えがいくつも置かれていたが（急に数が増え、ある日突然すべて捨てられることが多かった）、半分は枯れていた。靴は常に散乱していた。主に私と兄の靴だったが、それ以外にも、長靴やら下駄やらハイヒールやらが、大量に脱ぎ散らかされていたし、傘立てには四人家族にしては多すぎる傘が乱雑に差し込まれていた。

靴箱には古い靴がぎゅうぎゅうに詰め込まれ、鉢植え用の肥料が青いバケツに入れられた状態で土間を占拠し、靴箱の上には灰皿や花瓶や鍵や機械油など、雑多なものが（それも使用されているのを見たことがないようなものが）常に置かれていた。玄関の壁にかけられた丸い鏡はいつも曇りがちで、そのうえ割れていた。つまり、あまり片付いていない場所だった。家のなかも、四人家族にしてはあまりにも多くのものでごった返していた印象だ。

中学生の頃に住んでいた家は、最初の家に比べたら新しくて広くてきれいだったけれど、母の職場である駅前の喫茶店からは遠かったので、母は仕事中に頻繁に家に戻ることがなくなり、全体が徐々に散らかっていったような気がする。

居間のソファの上にはいつも洗濯物が山積みで、それをどかして床に置かないと座ることができない。だから、母が仕事の合間に洗って干して取り込んだ洗濯物を誰かが床に置き、そしてそれはそのまま床に放置され、徐々に居間の床を占拠していく状態だった。

キッチンに至っては、さらにカオスだった。ダイニングテーブルの上にはところ狭しと食品や調味料が置かれていた。備え付けの食器棚も皿やコップでいっぱいで、引き出しには使いかけの小麦粉や海苔《のり》やお茶漬けの素が詰まっていた。まるで今現在のわが家のようだけれど、私が子どもの頃に住んでいた家は、そんな家だった。別にそれが辛かったわけではなくて、良い思い出もいっぱいあるのだが、とりあえず、全体的に散らかっている空間だった。最悪な状態とまでは言えないのだけれど、決してきれいではなかった。そして不思議なことに、この家のなかの乱雑な状態は、私の友達の家でもほぼ同じようなものだった。昭和というのは、全体的に雑然とした時代だったと思う。そして、お母さんたちは仕事を持っていようがいまいが、忙しく働いている時代だったと思う。あるいはそのような地域に住んでいたのだろう。

そんな雑然とした家が突如としてきれいになる日は、月に一度ぐらいの頻度でやってきた。母が本気を出して片付ける日があるのだ。家中の窓を開け放ち、隅から隅まで部屋に掃除機をかけ、水拭きし、床に落ちた衣類を拾い上げ、家具を磨き上げた。なぜなら、堪忍袋の緒が切れた父が機嫌を悪くするからだった。父はよく、なんでこの家はこんなに汚れているんだ、こんな家に帰るのは嫌だと母に言っていた。そう言われるたびに母は悲しそうな顔をして、その翌日には掃除をするのだった。現代であれば、あなただってここに住んでいるのだから、あなたも掃除したらいいじゃないと言えるだろうが、母は言い返さなかった。母は父に叱られないようにびくびくしながら、日々、生活していたのではないだろうか。

母は、一階の居間と夫婦の寝室だけではなく、二階の私と兄の部屋、浴室、トイレまですべてひとりで片付けていた。学校から帰るといつの間にか家中がぴかぴかに磨き上げられていて、子どもながらにとてもうれしかった記憶がある。うわあ、こんなに家がきれいだなんてすごいねと母に言った記憶がある。母もとてもうれしそうにしていた。そして父も上機嫌になるし、兄も家のなかがきれいだと外に遊びに行く回数が減るから、母は必死に掃除をしていたはずだ。何もそこまで献身的に尽くさなくてもよかったのにと、今は無責任に思うことがある。

母方の祖父が亡くなったのをきっかけに、祖母と同居することになったのは中学生の頃。私たち家族は当時飼っていた犬とともに母の実家へと引っ越した。母の実家は、元々は小さな旅館を経営しており、その建物をそのまま住居として使っていたこともあって、一階にも二階にもそれぞれ浴室とトイレがあるという、当時では珍しい造りだった。小さな部屋がいくつも並んでいる不思議な間取りが特徴で、私と兄はそれぞれがお気に入りの部屋を選んだ。しかし、外が暗くなってくると、その家は雰囲気が妙に恐ろしくて、私と兄は、なんだかこの家は怖いねと言い合っていた。何百人という客が宿泊した建物。一度、自殺騒ぎがあったと祖母からは聞いていた。私も兄も夜はひとりでトイレに行くことができなかった。

しかし、一旦慣れてしまえば、海に近い風通しの良い家は、なかなか住み心地が良かった。

私たちは、特に私と兄は一切知らなかったのだが、祖母は精神的にとても不安定な人だった。明るいときと、とても暗いときの差が激しく、若かった兄と私は祖母のそのアップダウンがよく理解できなかった。だから、突然叱られては戸惑い、突然たっぷりおこづかいをもらっては不気味だと考えた。そのうえ祖母は、まったく家事をしない人だった。

それとは対照的に、亡くなった祖父はなんでもできるスーパー爺さんだった。料理も得意、掃除洗濯も得意、ビジネスにも長《た》けていた。戦後は港の近くに数軒のバーを経営していたんだから、そりゃあもう、何かと優秀な人だったに違いない。でもそのスーパー爺さんぶりは、精神的に不安定で、家事が苦手な祖母の代わりに、すべてを一手に引きうけていたことの証《あかし》であり、スーパー爺さんというよりは、優しい爺さんだったのだとあとでわかることになった。

激しい部分がある一方で、安定したときの祖母はおっとりとした、優しい人だった。いつもニコニコしていた。しかし、精神的に落ち込む時期になると、とことん落ち込み、攻撃的になる人だった。母からすれば、祖母と同居することで自分の家事の負担がある程度減るのではという思惑があったはずなのだが、祖母にその力はなかったようだ。

二槽式の洗濯機しかなかった時代、洗濯機は兄と父の洗濯物だけで溢れかえるようになっていた。祖母はそれに対して、大いに怒り、泣いた。「なんであたしが、あんな男たちの洗濯をしなくちゃならないの！」と言って、母に八つ当たりしていた。

「あんなに大きな男がふたりもこの家に住むなんて、聞いていない！」と怒って、「洗濯なんて絶対に嫌だ」と泣いた。

せっかく同居してやったのにと腹を立てた母は祖母と大喧嘩になり、祖母は自室から出てこなくなった。祖母は腹を立てると、トイレや食事以外何日も自室から出てこなくなるような頑なな性格だったのだ。

そこで救世主のように登場したのが私だった。私は、学校から戻るとまず家族全員分の洗濯をした。祖母に申し訳ないと思ったからだ。確かに、父も兄も体格の良い男性で、祖母からすれば恐ろしさを感じることもあっただろう。特に兄は、父よりも一回りは大きく、鴨居《かもい》に頭をぶつけてばかりいた。そのうえ声が人一倍大きかった。それは父も同じだった。そして言葉が乱暴だった。兄は祖母と目が合うと「ババア！　こっち見んな！」とふざけて言うので、祖母は怒り心頭でもあったのだ。だから私は黙って洗濯をした。裏では母と父から、それぞれこづかいをもらっていた。

そんな私の姿を見ると祖母も機嫌をよくしてくれ、私が洗った家族の衣類を干すのは祖母の役割となった。私と祖母と母は、実はとても仲が良く、女三人で居間に座って、長い時間、世間話をすることさえあった。母は祖母と暮らすことで家事の負担を少しは減らすことができただろうし（予想よりは減らすことができなかったかもしれないが）、祖母は祖父を失った悲しみを癒やすことができていたのではと思う（兄の乱暴さは想定外だったとは思うが）。

ほとんど料理をすることがなかった祖母は、私たちが越してきてからというもの、彼女なりにプレッシャーを感じていたようで、夕食時になるとキッチンでしくしく泣くこともあった。何を作ったらいいのかわからない。どれだけ作ったらいいのかわからないと、本当に辛そうに泣いていた。私も兄もそんな祖母が気の毒になって、買い物を担当したり、近所の料理屋にお惣菜を買いに行くなどして、祖母の手伝いをした。しかし、最も努力したのは兄だった。

兄は本当に不思議な人で、料理が上手だった。誰に教えてもらったのかはわからないけれど、手早く、美味しい一皿を作ることができた。そのうえ、片付けも得意で、きれい好きだった。兄のことを最初は毛嫌いしていた祖母も（孫だというのに毛嫌いするところが祖母らしいのだが）、徐々に打ち解けた。兄がどれだけ憎まれ口を叩こうが、それが兄なりの愛情表現だと理解し、言い返して大笑いするようにもなった。「もう本当に、あの子は嫌だわ、出ていってほしい」と言いながら、兄の帰りが遅いといつまでも寝ずに待っているようになった。

祖母の心を解きほぐしたのは兄が作る洋食だったと思う。兄が作ったオムライスやナポリタンをはじめて食べた祖母は、大いに感激した。ニコニコと笑って、本当に美味しいとうれしそうにしていた。ときどき、そっと涙を拭うこともあった。何度同じものをリクエストされても、兄は嫌がらずに祖母の求めるままに作ってやり、食べさせていた。最後に必ず調理代金を請求していたのはやんちゃな兄らしいところだが、祖母は喜んで千円札を兄に渡していた。兄と祖母は互いに牽制《けんせい》し合いながらも、とても仲が良かったように思う。


母方の叔母（母の妹）によると、母は決して掃除が苦手ではなかったのだという。私が子どもの頃に家が雑然としていたのは単に、働きすぎが原因だったと先日教えてもらった（Ｚｏｏｍで久々に再会したのだ）。叔母は掃除や料理が上手で手先も器用な人だが、「あなたのお母さんだって同じだった」と言っていた。

「とにかく、あの頃は必死に働いていた。くたくたになるまで。だから私がときどき通っては、あなたのお家を掃除していたの、覚えてるでしょ？」

確かに、記憶している。叔母がわが家にやってくると、見違えるように家中が美しく生まれ変わり、驚いたことが何度もあった。なるほど、そういうことだったのかと合点がいった。

祖母が特別養護老人ホームに入所し、ひとり暮らしになった母の家が小ぎれいに片付いていた理由は、ひとりになって負担が減った母にとって家事はそこまで難しいものではなくなったからだろう。膵臓《すいぞう》癌を患い入院する直前の母を訪ねて、実家に戻ったことがある。体調が思わしくないというのに、母が暮らしていた空間は拍子抜けするほど片付いていた。母に事情を聞くと、もう戻ることができないだろうから片付けたのだと言っていた。そう言われた私は、咄嗟のことで返事がうまくできず、ふうんと言って誤魔化してしまったが、それは痛恨のミスだったと今でも思う。何を馬鹿なことを言ってるのと軽くいなすことができなかったのが残念だ。

半年ほど前から、この、祖母と私たち家族がかつて住んだ家を処分しようと、従姉妹と協力しながら動いている。まさか私が祖母の家の処分にまで参加することになるとは夢にも思わなかったが、それでも、私たちが元気に暮らしていたあの家の、最後の姿を見るのも私の務めと思っている。

さて、義母だが、彼女は私が今まで巡り会った女性のなかで、最も優秀な主婦だと思う。最優秀主婦賞を授与したい。完璧を超えてスーパーウーマンではないだろうかと考えてしまうほど、彼女は家のなかのすべてを把握していたし、隅々まで磨き上げていた。家のなかだけではない。落ち葉の季節には毎日朝早くから庭の掃除を完璧にこなしていた。雑草が生えていた状態など見たことがない。朝晩、水まきも欠かさなかった。私から見るとただの苔《こけ》だったが、彼女が必死にメンテナンスをしているという庭の苔は状態が最高だったらしい（私にはまったくわからなかったが）。

こまめに掃除をしているというよりは、掃除がとても上手だった。同じ作業をしたとしても、私であればまったく別の結果が出ているはずだ。キッチンも、彼女が料理したあとは、料理する前の状態よりもきれいに片付いていた。夜、どれだけ飲んで酔っ払っても、彼女は皿を洗ってダイニングテーブルの上を拭き上げないと納得がいかないようだった。

そして玄関は、常にゴミひとつ落ちていない状態だった。脱いだ靴は即刻移動されていた。それでは脱いだ靴はどこへ？　と思うのだが、彼女は玄関の靴はすぐさま別の場所（玄関からは直接見えない場所）に運んでいき、そこに並べていた。来客のときはさすがにそれをしなかったが、玄関に靴がある状態を好んでいないことは確かだった。認知症になってしまった今でもその名残はあって、私の靴が行方不明になることが多々ある。玄関は何もない状態で清潔にしていたいのと常日頃から言っていた。

そんな完璧な主婦だった義母の目の前に現れたのが、全然完璧でない私だった。義母に出会ってすぐ、「焼肉に行きましょう」と誘われて行った焼肉屋で、酔った義母に問い詰められたのは、今となっては良い思い出だ。義母は、私の行動パターンを見て、この人はきっと、掃除も料理も苦手だろうと判断したようだった。それは確かにそうなのだが、家事全般が苦手な嫁について、当時の義母は思い悩んでいたようなのだ。生ビールを飲んで酔った義母は、私に対して「あなたはちゃんと掃除ができるんですか?」と聞いた。「できるようには見えないんですよね。それがすごく心配なんですよ」

「うーん、あんまり得意じゃないかもしれないですね~」と私はのんきに答えた。肉を食べながら。ひとり暮らしは長かったが、クローゼットのなかはいつもグチャグチャだった。洗濯は好きだけど、干すのは大嫌いだ。洗濯物を畳むのも面倒くさくて仕方がないので、ハンガーに干して、そのまま取り込んで、クローゼットに直行させるのが定着したスタイルだ。義母はそんな私に向かって「これからどうするつもりなの? ちゃんと(息子の)お世話ができるんですか?」と涙目で言いはじめた。

「う~ん」みたいな感じで答えていた私に、義母は明らかに苛ついていたと思う。心配やわ、困ったことだわ、今からでも遅くないから学校にでも通って(!)、ちゃんと主婦の仕事ができるようになってもらわないと困りますからね! と、ものすごく鼻息荒く言われた私は、なんだか面倒くさいことになってきたなと思った。思っただけで、結局、現在に至るというわけだ。わが家のクローゼットはこれ以上ないほど散らかっている。

結婚後数年で夫の実家のある滋賀県に引っ越してきた当初は、とにかく義父と義母の干渉がひどい時期があった。夫の実家から車で二十分ほどの距離にわが家があるため、当時元気だったふたりは足繁く通うようになっていた。私にはこれが本当に苦痛だった。仕事もあったし、私は自分ひとりの時間がどうしても必要な人間なのだ。だから遠回しに断るのだが、遠回しに断っても絶対に理解してくれないのがふたりなのだ。

ある日、外出して帰宅すると、家のなかの様子が変わっていることがあった。何かがおかしいとゾッとすることが何度か続いた。後日わかったのだが、私がいないときに義母がわが家にやってきて、合鍵を使って家のなかに入り、掃除をしていたのだ。合鍵を渡していたのは夫で、もちろん、すぐに回収した。なぜこれがわかったかというと、キッチンに義母の名前が書かれたタオルが忘れてあったからだった。ドラマじゃあるまいし、恐ろしすぎる。

なぜ私のいない時間を狙ったのかはよくわからない……というか、抵抗されることがわかっていたのだと思う。それでも彼女にとっては、私が掃除をしないであろうことが心配で仕方がなかったのだ。引っ越してきてから半年ほどは、壁に謎のお札が貼られていると か、謎のお守りが納戸に隠されているとか、不穏な事件が頻発した。合鍵を返してもらっ てからは、もちろんそんなことは起きなかったが、今度は、ある意味堂々と、ふたりはわ が家に通うようになった。忙しいのでやめて下さいと言うと、家のなかには入らないから と、なんと庭に停めた車のなかにいることもあった。意味がわからない。

そして、そんなわが家への訪問時に庭に草が少し生えていようものなら、やかましく叱られた。こんなに草が生えているのはみっともない。早く草を抜きなさいとうるさいのだ。あなたの家が汚れていたら、うちのお父さんがだらしのない人間だと思われる。義母は何度も口にしていた。私にそんなことを言っても、なんの効果もないと義母がようやく気づいてくれたのは、義父と義母がお百度参りのようにわが家に通いはじめてから一年後ぐらいだったと思う。

すると、実力行使に出たのは義父だった。早い時間から、草刈機を担いでわが家にやってきて、勝手に草刈りをはじめる。しかし義父は草刈りが異様に下手な人だった。草刈りだけでなく、やることが全般的に雑というか、ものすごく不器用なのだ。そのうえ、刈った草をそのまま庭に置いて帰ってしまう。草刈りの仕事で最も重要なのは、刈り終えた草の処分だと義父にはとことん教えたい。車の運転も、草刈機を担ぐこともできなくなった義父に教えるのは、時すでに遅しなのだが。

とにかく、義母は掃除に人生をかけていたように思える。彼女の頑張りは至るところに見えていて、夫の実家は常に、本当にきれいに片付けられていた。見事だったと言っていい。彼女自身も、身ぎれいにしていたし、化粧をしない日など決してなかった。髪も常に上品にカットして、ふわりとカールしていて可愛かった。

認知症になった今、事情は少し、いや、ずいぶん変化したように思う。認知症の人の特徴的な行動だということだが、今の義母は、一切ものを捨てなくなった。お刺身のパック、ビニール袋、紙袋、お菓子や食品が入っていた箱など、すべて自室に保管するようになっている。紙類も、特に種類分けするでもなく大量に集め、小分けにして、洗濯ばさみで留め、机の上に積み上げてある。どこから調達したのかはわからないが（自分で注文はしないと思うので）、Ａｍａｚｏｎの箱が居間の壁沿いにうずたかく積まれていて、そのなかには衣類、食器類、雑誌などが乱雑に詰められている。これは、以前の義母からしたら考えられないことだ。

一度、そういった大量の不用品を整理して、義母の生活空間を広げてみようと思ったことがあるが、すぐに断念した。家族が何かを捨てようものなら、混乱するようになったたからだ。ランダムに集められた紙の束も、義母にとっては何かを確認するための資料のようなものかもしれない。いつも、丁寧にめくっては読み、そして誰かにその内容を確認している。数年前のスーパーのレシートについて確認され、「誰と買い物に行ったのか」と問い詰められる義父は気の毒になるが、夫婦だから仕方がないことと諦めるしかない。

唯一、義母が今でもきちんとできる家事がひとつだけある。あれだけ料理が得意だったのに、今はお皿を洗うことも困難になった義母が完璧にやり遂げられること。それは洗濯だ。洗濯なんて私がやってあげるよと声をかけるのだが、義母は「大丈夫、洗濯は大好きやねん」と言って、自分でやっている。確かに、義母は昔から洗濯が大好きだったし、洗った洗濯物の干し方がとても上手だった。きちんとしわを伸ばして、日の良く当たる庭先の物干し竿に、きれいに干すことができる。だから、夫の実家を訪れる際に、洗濯物が風に揺られていたら、今日も義母は元気だとわかるのだ。

教育と美白への強すぎる義母のこだわり

わが家の双子の息子たちが高校受験の真っ只中だった時期、夫がよく言ったのは、「おふくろが元気だったら、大変だったな。こんなに平穏には済まなかったぞ」という言葉だった。私はその夫の言葉を聞いて、震え上がった。確かに、義母が元気だったら、息子たちの高校受験はありとあらゆる意味で地獄のロードになっていただろう。

こんなことを言ってはいけないと思いつつ、「お義母さんがドリームランドにお出かけ中でよかったよね」と、実感を込めて夫に返したのだった。そうでなかったとしたら……。志望校の決定から合格発表まで、義母はすべてに関与し、自分の思うままにものごとを進めようとしていたはずだ。わが家の固定電話はきっと鳴りやまず、受験に関するすべての動きを把握しようと義母は必死に動いたはずだ。わが家は義母が勝手に集めた、高校のパンフレットで溢れかえったはずだ。合格発表には自ら赴いただろう。万が一、受験に失敗しようものなら……想像しただけで恐ろしい。

（義母の求める）志望校に合格した場合、入学式には彼女は確実に出席しただろう。なんなら中学の卒業式にも出席したはずだ。集合写真の撮影にも率先して参加しただろうし、先生方への挨拶も確実にしていただろう。もしかしたら巨大な花束などを持ち込んだ可能性もある。

とにかく、義母は教育に大変熱心な人だった。私は今までの生涯で、義母ほど教育に対して強いこだわりを持つ人に出会ったことがない。それは夫からも頻繁に聞いているし、元気だった頃の義母の口ぶりからも、はっきりと窺えた。

夫はそんな義母の教育熱心さもあって、高校から親元を離れ、男子校に通い、その先の大学受験に関しても、義母の影響を強く受けている。義母だけではない。義父からの高すぎる期待を背負って学生時代を送ってきたはずだ。その時期の夫のことを考えると、自然に両手のしわとしわを合わせてしまうのはなぜだろう。

双子の息子たちが生まれ、義母が途端に言い出したのは、幼児教育のことだった。〇歳からの脳トレ的な本もたくさん買って持ってきた。日々増えてくる脳を鍛えるおもちゃや知育本に、私は圧倒された。「よくこんな面倒くさいことができるものだ」と感心したのだ。

その頃の私には、子どもの脳を鍛えようなんて発想は一切なく、「とりあえず生かしておかねばならない」という悲壮な決意があるだけだった。それに、私自身が、両親からそこまで熱心に教育された記憶があまりないからだ。たった一度だけ、私がやりたいと言ったからという理由で、鍋で蠟を溶かして色をつけたことがある。両親と私で、溶けた蠟が入った鍋をじっくり観察して、木べらでかき混ぜた。そして作業は終了した。それだけだ。

そういう状態でできあがってしまった私なので、双子の幼少期から義父がうわごとのように繰り返してきた、「この子らは将来、弁護士か医者になってもらう」という壮大な夢物語も右から入って左から出ていった。むしろ、「この人、大丈夫か？」くらいの意識だったと思う。孫のものではなく、自分の人生を生きてほしいとさえ感じていた。

双子が二歳ぐらいになった頃、義母は簡単なかけ算や足し算をふたりに教えはじめた。音の出る絵本を使って楽しみながら勉強できるというものだったが、ある日、本当に簡単な問題に答えられなかった次男に対して、義母が手を上げそうになったのだ。直前で、正気を取り戻した義母はかろうじて自分の手を止めていたが、仕事をしながら偶然その姿を目撃した私は激怒した。その日以降、義母は双子の息子たちに勉強を教えなくなった。知育玩具も持ってこなくなった。私が、決してやってくれるなと伝えたからだ。それも、かなり強く伝えたからだ。

　何百回となく繰り返された義母の昔話から、義母の教育熱心さの理由はわかってくる。義母には十歳上の姉がいて、とても美しく、優秀な人だったそうだ。私も何度も会ったことがある。楽しくて、優しい人だった。同時に、義母に対して厳しい人だった。子どもの頃は、小学校から家に戻ると、必ず勉強を教えられたそうだ。簡単な計算を間違えると、容赦なく頬を張られたと聞く。きっとそんな時代だったのだと思う。幼き日の義母は叱られないようにと必死になって勉強し、学校でもトップクラスの成績だった。運動神経もとても良かったので、徒競走でも学年で一番だったそうだ。しかし、徒競走で一位をとり、「見てくれた？」と聞く義母に十歳上の姉は「校庭で一番日に焼けた子を見つければすぐにわかる」と皮肉まじりに答えた。義母が今でも美白にこだわるのはこんなトラウマが原因なのではないかと思う。私の顔を見るたびに、「あなたは日に焼けている」と繰り返すのは、彼女がそう言われ続けてきたからなのではないか。義母は大変聡明な人だったが、辛辣でもあった口調がこのような過去の経験に起因するものだとすると、なんだか気の毒になってくる。夏は海で泳いで真っ黒に日焼けすると表彰される小学校に通っていた私は、多少日に焼けようがなんとも思わない。夏休みが終わりに近づくと、浜辺で寝そべって、裏表まんべんなく日焼けの仕上げをするほどだった私は、美白を絶対だと言われ続けた義母が気の毒になってしまう。

義母の十歳上の姉は、頑張れば「よくやったわね」と褒めてくれるときもあったけれど、どれだけ頑張っても、義母の父は褒めてくれなかったらしい。常に褒められるのは十歳上の美しい姉だけ。裁縫も料理も上手だし、何より優しく器量よし（色白）なところが父のお気に入りだったそうだ。一方で、義母は父に、お前は可愛くないし、生意気だし、女が勉強ができてもなんの足しにもならんと言われていたのだと、義母は何十回となく私に話していた。私の目から見れば、義母はとても美しい人だったし、昔の写真を見ても愛嬌のある可愛らしい少女に見えるのだが、何度そう義母に言っても、「いや、私は不細工やもん」と言っていた。強い呪いにかけられたみたいに。私は、「昔は、そういうことを言う時代でしたよね～」と、その都度軽く流すようにはしていたが、義母の心には深い傷が残っていたはずだ。だから、義母は誰に会っても、まずは容姿を腐《くさ》すというスタイルを貫いたのかもしれない（強い呪い）。

中学時代も大変優秀な成績を収めた義母は、父に言われるまま、家から最も近い県立高校に進み、そこでもトップクラスの生徒だったそうだ。部活は器械体操部に所属し、代表選手に選ばれるほどだった。確かに、義母は運動神経が、今でもとても良い。部活に打ち込んでいた時代を時折思い出すようで、居間のフローリングを平均台に見立てて、練習をしていたりする（八十三歳）。足腰もしっかりしていて、とても若々しい。美人で明るい義母は、デイサービスでも大人気だそうだ。

義母が高校三年生になったとき、担任教師が「君はこのまま大学へ進学すべきだ」と言ってくれたというのが義母の自慢だ。義母の時代に女子生徒が大学を目指すことは、とても珍しかったに違いない。高校を卒業したら、銀行に勤めることが、当時の女子生徒や親たちの間では、女性として最も理想的な人生モデルだったそうだ。しかし、そんなものはどうでもよく、どうしても大学に進学したいと考えた義母は、父に直談判した。担任の先生が大学に行くべきだと言ってくれた。私は大学に行きたいのだけれど、学費を払ってもらえないでしょうか。すると、父はにべもなく否定し、「女が勉強しても、生意気になるだけで、ろくなものにならん」と言い、決して首を縦に振らなかった。当時すでに公務員だった十歳上の姉も、何を言い出すのかと叱ったそうだ。担任教師は家までやってきて、父に直接話をしてくれたが、それでも父は娘の大学進学を許さなかった。

高校卒業後、義母は地元の都市銀行に就職した。当時の女子生徒の憧れの職業に見事就くことになった義母だが、それで幸せだったのかどうかはわからない。一度、うれしかったですか？　と聞いてみたことがある。義母は、うれしかったと言っていた。誰もが憧れる銀行だものと言っていた。勉強が得意だった義母は、銀行でも頭角を現したそうだ。美しくて明るかった彼女は、人気者だっただろう。義母の親戚に聞いても、みなが同じように証言する。彼女は、本当に美しくて、聡明で、優秀な人だったと。しかし、大学進学の夢は絶たれていたのだ。

先日、私が夫の実家に滞在していたときのことだ。義母の同級生で、私も何度か会って話をしたことがあるAさんから義母宛に電話がかかってきていた。聞くともなしに聞いていると、途中から会話が横道に逸《そ》れ、少し助けが必要ではないかという状況になってきた。あまり長い時間、誰かと会話を続けると疲れてしまい、話が混乱するようになってきた義母が、目の前に座っていた私に受話器を手渡してきたので、「どうもお世話になっております〜。嫁でございます〜」と出ると、「あ！　あなたがいてくれたの？　ああ、よかった……」とAさんは涙声になった。

「最近ちょっと混乱することがありまして……」と言うと、「わかってる。全部わかってるから。そんなこと気にしなくていいのよ。元気かなって思って、ときどき声を聞くために電話しているの。私たちもう、後期高齢者なんだもん、仕方がないわよ。あれだけ優秀だったあの子だって、年をとればもの忘れぐらいするもの」と言ってくれた。それからしばらく、ふたりが高校生だった頃の思い出話を聞かせてくれた。大学に進学できなかったときには、とても残念そうにしていたということだった。

もし義母が大学進学を果たしていたとしたらと、考えることが多々ある。彼女は文学を学びたかったそうだが、もし行くことができていたとしたら、きっと、まったく別の人生を歩んでいたのではないだろうか。そんな義母の姿も見たかったような気がする。そして、大学に行かせてあげたかったなあと思う。義母の大きな書棚に並ぶ、古い文学全集を見ると、余計にそう思うのだ。

さて、実母が教育熱心だったかというと、まったくそうではなかったと思う。きっと母は、教育云々《うんぬん》よりも、私と五歳上の兄を生かしておくことに全神経を集中させていたのではないかと思う。特に、入退院を繰り返していた病弱な私を育てていれば、勉強なんて二の次になっていた状況はよくわかる。おかげさまで、私はあまりプレッシャーを感じることなく、のんびりとした幼少期を過ごしていたような気がする。小学校一年生はほとんど学校に通うことができていなかったため、二年生で通学をはじめたときは、勉強が一切わからなかった。それでも、二年生の夏ぐらいまでにはなんとか追いついて、そこからは特に問題もなく、特別に優秀でも、まったく勉強ができないわけでもなく、（病弱以外）なんの特徴もない、目立たない児童だったと思う。とにかくぼんやりしていて、あまり記憶がない。友達は多くもなかったし、少なくもなかった。楽しかったのは、コミックを読むこと。あまりにも普通の小学生で特筆すべきことがない。

　唯一記憶にあるのは、宿題を一切やっていかなかったので、先生に頻繁に注意されていたということだ。教室の後ろの壁に、宿題をやってきたらシールを貼る表があって、クラスのなかで私とあとひとりだけ、一個もシールが貼られておらず、目立ちに目立っていた。もうひとりは転校を繰り返していた子で、いつの間にかクラスに合流して、いつの間にか転校していった。そして宿題表にシールがまったく貼られていない子は私ひとりになった。母もそれを授業参観のときに見たようだが、だからと言って、宿題をやりなさいとは言われなかった。小学生のときは、このように大変のびのびと、何もやらずに、しかし学校には通っていた。両親は何も言わなかった。もしかしたら、成績など興味がなかったのではないか。そしてたぶん、病弱な娘が学校に通っているだけで満点だとふたりは思っていたのではないか。

　しかしその状況が微妙に変わったのが、兄が中学に入学してからだった。のんきな小学生だった私は何も気づいていなかったが、兄の生活態度が荒れはじめたようだった。学校から家に戻ると、兄の部屋に何やら怪しい中学生たちが集まり、ドアの隙間からタバコの煙が漏れ出すようになっていた。共働きの両親が家にいない時間に、決まって彼らはわが家にやってきて、大音量で音楽を聴いた。そんな兄の友人達は、ぱっと見は怖いけれど、みな優しく、私はすぐに仲間に入れてもらえるようになった。誰もが、あんた可愛いね、早く中学においでよと声をかけてくれた。だから私は小学校の低学年の頃から、私も小学校を卒業したら、兄とおなじ地元の中学に行き、髪を金髪に染めるんだぜ！　と固く心に誓うようになった。その様子を見て、危機感を覚えたに違いない両親は、私が小学校四年生になったとき、突然、「あんたは中学受験しなさい」と言い出した。

父と母は、あっという間に私を、授業が厳しくて有名な進学塾に入れた。そして小学校にやってきて面談を申し込むと、面食らった担任に突然宣言した。「この子は中学受験をさせます」と母に伝えられた担任は、これは私も目撃していたのだが、鼻で笑った。「こんなに勉強をしない子、受験なんてできるわけないじゃないですか」。母は怯《ひる》みつつも「えっと、それでも受験させます」と言って譲らず、担任はため息をつきながら、渋々、わかりましたと答えていた記憶がある。「学級委員長ぐらいやってないと厳しいと思いますよ」とも言っていた。次の学期が始まったとき、私が学級委員長に立候補すると、クラス全員が大笑いした。私がどんな子どもだったか、だいたい想像してもらえると思う。

私は毎週末、何時間も塾で勉強するようになった。夏休みには勉強合宿に参加するようになった。数か月に一度は模試を受け、その結果に基づいて志望校を絞っていった。ただ、母のなかでは、私を通わせたい学校はすでに決まっていたようだった。自分がどうしても行きたかった中高一貫の女子校であり、自分の父がどうしても通わせてくれなかった学校であり、自分の姉（偶然だが、実母の姉も十歳年上だった）が通っていた学校だった。つまり、母が強く憧れていた学校に私を通わせようとしていたのだ。学力だとか、模試の結果だとか、そんなものはどうでもよかったに違いない。

模試を受けることに慣れ、点数が上がることに喜びを感じていた私には、別の志望校があったのだが、母に押し切られた。母のなかでは「絶対にあの学校だ」と決まっていたからだ。当時の母の口癖は、「兄ちゃんとは別の世界で生きなさい」、「兄ちゃんと一緒になってはいけない」。父の口癖は「とにかく受験して別の街の学校に行け」だった。素直な私はすべて両親に従った。

特にこだわりもなく、目的もなく、素直に塾に通っていた私は、大変素直に両親の言うことを聞き続け、彼らが望む進学先に進むことができた。進むことができたのはよかったのだが、通学しはじめてようやく気づいた。私は多分、この学校に合っていないのではないかと……。そして同時に、両親が、特に母が、私を兄から離したことの意味を理解しはじめていた。両親が私を送り込んだ女子校の世界は、確かに、兄の生きているはずの世界とはかけ離れたものだった。そして徐々に、私と兄は、別の世界で生きるべきなのだと確信しはじめた。

何やら違和感を抱きつつも文句も言わずに通学している私を見て、母はそれだけで褒めちぎった。毎日きちんと学校に通うなんて、なんて素晴らしい子なんだろうと、母は感激していた。兄がきちんと通っていなかったからだ。そして、部活なんて入らなくていいわよ、あなたは体が弱いんだから、スポーツなんてやらなくてよろしい、あなたは帰宅部、いえ、読書部でいいのよ。欲しい本は一冊残らず買ってあげるから、毎日、放課後は本屋さんに行って本を選びなさい。本を選んだら、駅ビルのレストランでデザートでも食べて帰ってきなさい。あなたはそれでいいのよ、それで最高！　と言っていた。兄は体が大きく、先生からスカウトされて中学で柔道部に入ったが、入学直後に先輩からのしごきに遭って、怪我をして泣いて戻ったことがあった。

特に強い主張があったわけでもない私は、通うだけで褒めちぎられる毎日だった。だから、無駄に自己肯定感が高止まりしたまま、本当に普通に、サボるでもなく、非行に走るでもなく、淡々と、幸せな気持ちで学校に通い、先生に褒められるとその気になって勉強をし、成績が上がってくると途端に面白くなって、それでもあくまでも普通の成績で、付属の高校に進学することができた。父はとにかく「お前は偉い」とだけ言っていた。母は「あなたは未完の大器ね」と言っていた。兄は「お前の学校、可愛い子が多いな」と言っていた。私はただただ、兄に比べて幸運なだけだったと思う。

しかし高校に進学してから、母の関心が一切私に向いていないことに気づきはじめた。良い成績をとっても特に喜ばないし、成績表が戻ってきても、見ることもなくなった。ちょうどその時期、わが家は兄の素行に振り回されるようになっていたのだ。私だけ別世界でふわふわと生きているような状況で、両親はこの時期、最も過酷な子育てを経験していたのではと思う。私が高校一年のある時期に、バイクに乗った兄が大型トラックと正面衝突をし、重傷を負い、数か月入院した。高校二年生になると、兄は突然いなくなり、どうも東京にいるらしいということを親戚の噂話から小耳に挟んだ。高校三年生になると、突然兄がどこからともなく戻り、そして父が癌で他界した。私が大学受験直前の十二月のことだった。

さて、どうしたものかと私は悩んだ。私が進学をするとなると、母ひとりで学費を払うことになる。そんなことが可能なのだろうか。悲しみに暮れる母に、大学に行ってもいいかと聞く勇気はなかった。年が明けると高校の担任が「そろそろ決めないと間に合わないぞ」と言い、私は追いつめられた。「就職しようかな」と母に言うと、「就職？　何言ってんの。大学行きなさいよ」と言った。え？　いいの？　大学行っていいの？　と聞くと、いいわよ、行きなさいよと言った。母の横にいた兄も、「行けよ。大学、行けよ。俺も学費稼いでやるからさあ」と言った。それは絶対に嘘だとわかってはいたけれど、それでも「兄ちゃん、ありがと」と言って、私はすぐに担任に電話をして、「やっぱりあたし、大学行きます」と答えたのだった。私はこのようにして、私以外の家族の手で、別の世界に放り込まれるようにして地獄から抜け出し、そこから生き延びた。

母は大学に進んだ私が、どれだけやらかしても（休学と留年）、一度も私を責めることがなかった。兄も、私がどれだけ失敗をしても「お前は面白い」と言って、責めることはなかった。大学をなんとか卒業したのに就職ができなかったときも、特に何も言わなかった。母は、わが家の子にしては百点満点だと言っていた。ボロボロの生活をして、休学して、留年して、就職活動に挫折したこんな私だったとしても？　母に優しい言葉をかけることも忘れ、自分勝手に生きていたとしても？

父が亡くなり、母も亡くなり、兄とふたりきりになり、疎遠になり、そして突然、兄が遠方で死に、私がその後片付けをすべて行うことになるとは夢にも思っていなかったが、私が今まで彼らに多くを許され、ある意味無条件に励まされ、守られて生きてきたことを思うと、多少のすれ違いはあったものの、すべてなるべくしてなったとしか、今は思えない。

選択できなかったまったく別の人生

最近になって、生前の実母が考えていたはずのことが、ほとんどすべて理解できるようになってきた。特に、自分の子どもたちが高校生になり、それまで自分なりに思い描いていた子育てとは、なんだか少し違うぞ？　と気づきはじめたあたりから、もしかしたら母も同じような状況に当時陥っており、「これはどうしたものか？」とひとり悩み、動揺し、そして解決策を見つけようともがいていたのかもしれないと思うようになった。もがいていたのかもしれないじゃなくて、確実にそうだと思う。悩んでいたと思う。そして、精神を限界まですり減らしていたのではないかと思う。……今の私のように（辛い）。

仕事を終えてベッドに入り、何十年も前の非常に細かいあれやこれやを思い出しては、母の立場を自分に置き換え、そのときの母の感情を推し量るという陰気なゲーム（？）をやっているのだが、それをすればするほど、母の極限の状況が理解できるようになってきた。今までの私は、娘という立場で母の苦悩を勝手に分析し（母親だから当然じゃん）、頼まれてもいないのに意見していただけだった（そんなのやめればそれでいいじゃん、なんでわからないの？）。猛烈に反省したい。

しかし、同じ母としての立場で、すでに亡くなってしまった実母に向き合ってみると、わかることは山ほどある。今までの私は「わかったようでわかっていない、それなのに偉そうに意見だけは言いまくる厄介な娘」状態になっていただけ。そういう娘が一番腹が立つキャラクターとしてドラマのスパイス的に描かれるだろうが、私は間違いなくそれだった。でも、今からはそのキャラは封印して、実母の心情を推し量りながら、これからの自分の身の振り方を考えてみようと思うのだ。

母の当時の思考と自分の思考がバチッと組み合わさったような感覚があれば、きっと彼女だったらこう動くだろうと予測することができる。そのとき、私も同じようにしよう、あるいは別の道を行こうと決断することができる。私の今現在の育児はこのようなエクササイズの繰り返しになっている。

ベッドに寝てから悶々と考えるので、眠ることができなくなることもあるし、「これはもうすべて忘れ去ってしまおう」と、記憶の強制終了をすることもある。とにかく、こんなゲームをしていくうちに、母の人生をより深く理解し、そして彼女には二度の転機があったのではと思うようになった。これは私の勝手な分析だが、意地悪な目線ではないので許していただきたい。

その二度の転機で、彼女が勇気を出して舵を切っていたら、母の人生はまったく別の方向に進み出していたのかもしれないと思う。自分が彼女の足枷になっていた可能性が高いことを理解しつつ、なんだか偉そうに分析しているのだが、とにかく私の考えを書いていこう。

私が考える母の転機パート1は、私が小学校五年生のときだった。模試帰りに喫茶店で待ち合わせた母と私だったが、母が突然泣き出し、「パパと離婚しようと思う」と言い出したことがあった。「あなたはママと来る？ それともパパと残る？」と聞かれた。そんな究極の選択を、バナナジュースを飲みながらできるはずもなく、私は何度も母に「本当に離婚するの？」と聞いた。母は泣きながら、「離婚すると思う。だってパパが浮気したから」と言った。

浮気？ 幼いながらもその意味は知っていたので、誰と浮気したの？ と聞くと、「あんたのピアノの先生」と母は答えた。私は驚いてしまった。確かに、私のピアノの先生は美人で評判のいい人だったけれど、ずいぶん前に辞めて、当時は、朝の情報番組の電子オルガンのお姉さんになっていたのだ。父と電子オルガンのお姉さんとの接点がまったく理解できなかった。

そんなことないでしょう、それは間違ってるんじゃないの？　と言う私に母は、自信たっぷりに「絶対にそうなの。見た人がいるから」と言うのだった。ふぅん……と私は答えて、困ってしまった。母を選ぶか、それとも父を選ぶのか。母を選んだら兄も一緒についてくるだろう。嫌じゃないけど……。母は私をじっと見ていた。母を選ぶと言わなければならない状況に私を追い込んでいたのだ。「どっちに行く？」と繰り返し聞いてくる母に、バナナジュースをかき混ぜながら、「うーん……ママ……」と答えた私だったが、内心、パパもいいなと思っていた。

父を選んだとすれば、私は関東のどこかに行くことになるだろう。なぜかというと、父方の親戚は埼玉や東京近辺にいたし、父は常に「東京だったら働く場所はいくらでもあるぞ」と私にも言っていた。私は悩んだあげくに、母の顔色を窺って「私はママと一緒に行く」とはっきりと答えた。母は満足そうに笑った。そして、「今日言ったことは、絶対にパパに言わないで。いい？　バレたら大変なことになるからね」と私に口止めしたのだった。

その日の夜、父と母は夜中まで言い争いをしていたと記憶している。浮気した、しないの言い合いで、その合間に「理子は渡さない」、「お前ひとりで出ていけ」などと、父が言い出したような記憶がある。きっと私は途中で寝てしまったのだと思う。翌朝、大きなカバンに荷物がまとめられていて、母が出ていくことがわかった。私はとても驚いて、大騒ぎした。父はすでに家におらず、兄はまったく家に戻らない日々が続いており、母が出ていってしまったら、私がひとりになってしまう。

母はバッグに荷物をまとめながら、大騒ぎしている私には何も言わなかった。私はとにかく学校に行くしかなくて、半泣きの状態でランドセルを背負って学校に向かった。午後に急いで家に戻ったが、母はいたが父はいない。夜になっても父は戻らなかった。母は無言で料理をはじめ、父は夜中近くに帰ってきた。結局、その大きなバッグは家から持ち出されることはなく、父と母が離婚することもなく、いつも通りの生活が再びはじまったのだった。

あのとき、母にできたことがいくつかある。まず、母の実家は同じ町内にあったのだから、実家に戻ることができたはずだ。きっと父はさっさと港町を出て、東京にでも行っただろう。兄はほとんど家にいないうえに、父と折り合いが悪かったにもかかわらず、父と母が離婚する可能性を伝えると大反対した。それでも、兄の反対を押し切って、私と兄を連れて母が実家に戻ったと仮定すると、その先の私たちの人生が少し違ったものになってくると想像できる。私は父のいない寂しさでしょぼくれてしまっただろうが、それが母の人生を左右するほど大問題だとも思えない。

まず、母の実家には厳格な祖父がいた。さすがの兄も、祖父と暮らせば自堕落な生活を正すようになっただろう。祖父が元気だった頃の祖母は、悪い表現を使えば「虎の威を借る狐」であり、特に兄に対してはもの言いが厳しかった。

その環境であれば、もう少し兄の素行をコントロールできたかもしれない。私は、誰にも迷惑をかけず、誰の記憶にもあまり残らず、ただ漫然と学校に通うだけの子どもだったので、すんなりと新しい環境に馴染んだはずだ（悲しかっただろうけれど）。祖父も祖母も私には優しかったし、よく面倒を見てくれた。

母にとって、実家に身を寄せることができれば、家事が得意だったスーパー爺さんの祖父が何かと手伝ってくれただろうし、そもそも祖父が買い与えてくれた店の経営をしていたのだから、その店を続ければいいだけのこと。息子は問題児だが、厳格な祖父の前では大人しいものだったから、きっと少しはマシになってくれるだろうとでも思ったのではないか。娘？　あの娘は大丈夫、普通に学校に通っているから。母はそう言ったに違いない。

あの娘は本当に大人しいから大丈夫とは母の口癖だったが、その大人しい子が辛辣な子に変わってしまうまで、それほど長い時間はかからなかった……というのはまた別の話なのだが。

母が父と離婚しなかった理由はいくつかあると思うが、最も大きかったのは、どうしても許せないことがあったからなのではないか。それは父が自由になることだ。もし離婚したとしたら、父は家族に未練を残すどころか、喜んで町を出ていくことが彼女にはわかっていたのではないか。何せ、娘の私にもそれはわかる。私には連絡先を渡してくれただろうし、時折電話をしてくれただろうし、年に一回はどこかで会おうねと言ってくれる程度、愛情のある人だったとは思う。しかし、きっとそれも長くは続かなかっただろう。続いて三年。頑張って五年。そして父はどこにいるかもわからなくなったに違いない。

そして、あっという間に恋人を作り、東京でマンションを借り、職を得て、楽しく暮らしたのではないかと思う（娘の私でもあっさり想像できる）。もしかしたら、次々と彼女を作り、人生を謳歌しまくったかもしれない。あるいは、酒に溺れて死んだかもしれないし、もしかしたら誰かと結婚し、子どもをもうけた可能性もある。そこを母は許すことができなかったはずだ。あっさりと去り、別の誰かと幸せになるかもしれない父を許すことができなかった。そしてその可能性は高かった。

父と母は、あのタイミングで互いを解放していれば、きっとそれぞれが別の人生を（それも、私たち家族が経験したより、ずっと幸せかもしれない人生を）歩み、まったく別の生活をしていたような気がする。母が父を慕い、愛していたことは娘の私にはよくわかる。しかし、父が同じような気持ちを母に持っていたかというと、まったく持っていなかったことも、私にはわかる。

むしろ、父は母と兄を重ね、ふたりから同時に距離を置こうとしていた。兄の素行はすべて母由来のもので、だからこそ、母と兄を同時に毛嫌いし、その一方で、私だけを可愛がった。なぜなら、私は父にとって、自分にそっくりな娘だったからだ。無理を重ねてまで一緒に暮らさねばならなかった理由は、そんな時代だったから、そして、狭い町に住んでいたから、それぐらいしか思いつかない。父は本当に浮気をしていたのだろうか。私は、確実にしていたと思う。

もしタイムスリップできるなら、あの時代に戻って、今の私より若い父と母に、言ってやりたいことがある。

「こんな小さな町、今すぐ出な」

そして母の転機パート2。それは私が結婚したときだ。私はかねて母に対して、私の近くで暮らすのはどうかと打診してきた。今にして思えば、小さな町から一歩も出ずに暮らしていた当時六十代の女性に、いきなり関西に引っ越せというのは無理な話ではあるのだが、そのタイミングでしか、ゆくゆくは介護が必要になるかもしれない母を呼び寄せることはできないと考えたからだ。しかし母は、決して納得しなかった。この町には私のすべてがある。私の店がある。友達がいるし、ここが好きなんだと母は言った。私は、それは理解すると答えた。ただ、早い段階でこちらに来てくれれば、こちらの環境に慣れるのだって早いはず。少し寒いところだし、車がなければ移動が大変だけれど、近い場所で暮らしたらいいじゃないと幾度となく説得した。父が亡くなって十年程度経過しており、ひとり暮らしも長くなっていた。それでも母は、行きたいけど行けないんだよと言って、決して引っ越してくることはなかった。行けない理由は、きっと兄だったのだろう。

母がもし私の近くに越してきていたら、兄が追いかけてきた可能性は十分にある。その危険を冒してでも、やはり母を近くに呼び寄せるべきだった。もっと強引に誘うべきだった。私に当時もう少しパワーがあったらと悔やまれてならない。それが成功していたら、末期癌の状態で、ひとり暮らしをせねばならないような切羽詰まった状況になるはずはなかった。幼い子どもの面倒を見ながらでも、母に気を配ることはできただろう。義母と実母が仲の良い友人になれた可能性もある。何せ義母は実母が大好きだったから。

義母が何度も繰り返し私に教えてくれた、義母にとっての「転機」。彼女にもそれはふたつある。

まずひとつ目は、和歌山県のとある港町で彼女がクラブを経営していたときの話だ。クラブでは大勢の女性が働いていたし、ボーイも何人か雇っていたという。大変繁盛した店で、開店から閉店まで大勢の客が押し寄せ、名の知れたクラブへと成長していたそうだ。ときには大物政治家も来たし、地方巡業でやってきて、ホテルでのショーを終えた歌手なども来てくれたという。すでに義父と結婚し、息子である私の夫も生まれていた。息子は自分の両親に預けることが多かったが、家の用事はすべて完璧にして、そして毎晩出勤していたという。売り上げもよく、お客さんの質も大変よく、女性陣も美人ばかりで、夢のように楽しい日々だったそうだ。着物もたくさん揃えたし、店の内装も美しいものにした。何から何まで、こだわって作った店だったらしい。しかし……。

店が大繁盛しはじめた矢先、義父が突然、店をやめろと言いはじめたそうだ。その理由を義母は一度として私にはっきりとは言わなかったが、私が酔っ払った勢いで「それは嫉妬っすね」と言ったら、頷きそうになっていたので、きっと答えは嫉妬である。店が繁盛し、義母が人気のママになればなるほど、義父の嫉妬は膨れ上がっていった（あくまで想像）。

「ひどいじゃないですか。店が繁盛してこれから楽しくなるってときに、突然やめろとか言う夫、最低じゃないですか」と言う私に、義母は「ほんまにそうや」と言っていた。もちろん義母がすぐに言うことを聞いたわけではなく、彼女によると、「絶対にやめないと言って、何か月も話し合いをしたし、大喧嘩も何度もした」ということだった。

「正直、離婚を考えたこともあった」とも言っていた。「なぜ離婚しなかったんです？　経済的にも余裕はありましたよね？　私だったらあっさり逃げる」と言う私に、「そりゃあ、息子がいたしね。それに、両親の反対もあったから。それにしても、本当にあの店だけは手放したくなかった」ということだった。

確かに、昭和四十年代から五十年代に、離婚した女性が子育てしつつ、高級クラブを切り盛りするのは楽なことではなかっただろう。よくよく考えての決断だったとは思うが、義母は惜しまれつつクラブを閉店した。なぜ惜しまれつつだということがわかるかというと、今でも、義母のところには当時のお客さんたちから贈り物や手紙が届き、ときには電話がかかってくるし、年に一回、会いにくる人までいるのだ！　それだけ、人気者のママだったわけだ。そして、義母がとても偉いなと思うのは、閉店後、家出したことである。それを聞いたときは腹を抱えて笑ってしまった。あまりにも痛快だったので。

腹が立って仕方がなかった義母は、荷物をまとめて義父と暮らしていた家を出た。義母は詳細を言わなかったが、息子と一緒に親戚の家にかくまってもらい、義父の前から完全に姿を消したらしい。それも、何か月も。実母にその勇気があったら！　と思う。嫌だったら逃げてしまえの精神がない実母が気の毒になってくる。

今現在まで続く義母と義父の関係性を知っている私からすれば、それは義父にとっては危機的状況だっただろう。何せ義父は、義母がデイサービスに行くだけで「寂しくて死にたくなる」らしい。そんな人だから、何か月も逃げられたら、それこそ死にそうになりながら捜し続けたのではないか。

ようやく、隠れていた義母を見つけると、義父は謝罪し、それから半年後ぐらいに義母は家に戻ったそうだ。「えっ、戻ったんですか？」と言う私に、「しゃーないやん」と言っていた義母。しかし、繁盛していたクラブをやめなければならなかったときの悔しさは、強く残っているようで、私には何度も何度も、絶対に仕事を諦めちゃダメよ、それも男なんかのために！　と力を込めて言っていた。

クラブ経営をやめてからの義母が、茶道や華道といったお稽古事に邁進した理由がよくわかった気がした。彼女にとっては、クラブ経営も、お稽古事も、夫に完全に頼らず生きていく術《すべ》だったのだ。それにしてもなんてもったいないことだろう。そのままクラブ経営を続けていたら、義母はきっとレジェンドになったはずだ。

もうひとつの転機。それは、今現在住んでいる滋賀県に越してきたことだそう。それまでずっと和歌山県新宮《しんぐう》市で暮らしていた義母は、今でもその頃の生活習慣というか、こだわりを持ち続けている。義父の転勤がきっかけで引っ越してくることになった滋賀県には、これといった友人はおらず、時折電話がかかってくる幼なじみ数人は小学生の頃からの仲だし、年に数回義母を訪ねてやってくる人たちは、クラブ経営をしていた頃のお客さんたちだ。

新宮市を離れてから四十年以上経過しているというのに、義母の会話のなかには頻繁に当時の話が出てくる。義母のなかには、滋賀県には越してきたくなかったという思いが強いのだと思う。「新宮に帰りたい」と幾度となく聞いたことがある。

認知症になってしまった今では、「なぜこんなに不便な場所に住んでいるのかしら」、「この人（義父）が甲斐性のない人なので、こんな田舎に来てしまった」、「いつになったら新宮に戻ることができるのか」と、言いたい放題である。言いたい放題しちゃっていいよと私は思っている。

義母からすれば、クラブをやめたのも、滋賀県に引っ越してきたのも、すべて義父の要望に従ってのこと。夫婦間のことに口出しする気は毛頭ないが、義母がそれを今でも悔しがっていることは、近くにいる私にはよくわかるのだ。それはもう取りかえしがつかないことかもしれないけれど、文句ぐらい言ってしまっていいよ！　と私は考えている。

ちなみに私の人生の転機は、運転免許を取得したときだ。これはすごく意外だと思われるかもしれないが、車がないと暮らしにくい田舎に住んでいるという理由だけではなく、車の運転ができるということは、それだけ世界が広がるということなのだ。これは常に考えている。車の運転ができて本当に良かった。

子どもが小さいときは、大量の荷物と彼らを移動させるのに車は不可欠だったし、今現在でも子どもたちの送り迎えには絶対に車が必要だし、愛犬のラブラドール・レトリーバーは体重が五十キロぐらいあるので、車は私にとってなくてはならないもの。ただし、こんな生活にいつか終わりがきたら（子育てを卒業したら）、私は荷物のたくさん入る車でも買って、放浪の旅に出ようと思っている。できれば助手席に愛犬を乗せて、長期の旅に出たい。

どこまでも走って、私の両親や兄が今となっては見ることができなくなってしまった景色を見に行こうと思っている。車さえあれば、そして運転することができれば、いつでも、どこへでも、自由に行ける。同じ場所に留まって、人生の転機を逃すことはしたくないなと思っている。

兄の遺骨と母の遺した日記帳

義母の認知症が進行してきた。それも、この数か月で加速したという印象がある。週一回、実家に様子を見に行けばこと足りるように、介護チーム（ヘルパー、デイサービス、訪問看護師）の予定を組んでもらってはいたものの、介護生活が四年目を迎える今となって、それだけでは足りない状況になってきた。義母が身の回りの家事ができなくなってきたことが大きく関係している。特に、洗濯ができなくなったことがネックだ。もちろん、作業的にはヘルパーにお願いすればいいことなのだが、それは義母にとっては到底容認できない。自分が「できない」ことは理解している。ただ、それを知らない誰かに「やってもらう」のはハードルが高い。私が想像していたより、ずっとずっと複雑な心情がそこにはあるようだ。女性と家事。いつになったら私たちは解放してもらえるのだろうと辛い気持ちになる。

本当に不思議なもので、義母のできることがひとつ減ると、たとえそれがシンプルなことであっても、義父と義母の生活はガタガタとバランスを崩す。最近の義父の悩みは、洗濯物が洗濯機に突っ込まれたまま、長時間放置されていることだ。自分の下着の数も足りなければ、妻が下着を替えている様子もない。それならば自分で洗えばいいのでは？と考えるのは、九十歳の義父に対して酷というものだろう。そんなこんなで、私が週に一回は必ず実家を訪れて（実際にはもっと頻繁に立ち寄ってはいるが）、洗濯物が溜まっているようであれば、洗うようにしている。洗う人間が私であっても、義母はあからさまな敵意を向けてくる。敵意というよりは、猜疑《さいぎ》心とでも表現したほうがいいだろうか。私と夫の下着を若い女が洗っている。腹が立つ。許せない。そんな気持ちが彼女のなかにあるような気がする。それを感じるたびに、やはり悲しくなる。

最近、ケアマネージャーとよく話をするのは、ふたりに対する精神的支援だ。特に、認知症の進行してきた義母と毎日顔を突き合わせて暮らす義父のストレスが大きく、そばで見ている私も、そして介護チームも心配することが増えてきたからだ。それならばデイサービスを増やして、日中、ふたりが離れられる時間を作ればいいのではと思うのだが（これはケアマネージャーもそう言うのだが）、長年連れ添った夫婦とは、そこまで単純に、たとえ数時間であっても引き離すことができるものではないことを、嫌というほど学んだ。

私は自分がそうならない自信はあるが、認知症になったらわからない。そしてきっと、私も認知症になる。

義母の認知症のスタートは、まずは物盗られ妄想からはじまった。家のなかに誰かが入ってきて、リモコンを動かした。私の財布から一万円が抜き取られた。誰かが車を盗んで乗っていってしまった。こういった「盗まれた！」物語は、ありとあらゆるバリエーションが出現したが、犯人はすべて同じだった。当然、私だ。義母は、私を徹底的に疑った。私が嫌いだったわけではないと思う。私が最も身近な他人だからだ。猜疑心だけが極限までに膨らんでいるにもかかわらず、それ以外の認知症の症状が顕著でなかった義母にとって、私の存在は脅威だったかもしれない。毎晩親戚に電話しては、息子の嫁が……と話をしたらしいが、ありがたいことに、電話を受けた親戚のほぼ全員が「まさか」と笑って取り合わなかったそうだ。むしろ、「彼女、そんなものに興味はないでしょ？　あの人、仕事ばかりしてるじゃないの。あなたたちの生活にそこまで入り込んでくるようには思えない」と義母を諭してくれた人もたくさんいた。

物盗られ妄想の次に出現したのは、浮気妄想だった。これには義父だけではなく、私たち夫婦も大変苦労することになった。介護チームは多くが女性だったが、メンバーが若ければ若いほど、義母は不安定になった。この話をすると頻繁に、義父が派手な女性関係でそれまで義母を苦しめたのではと聞かれるのだが、義父はそんな器用なタイプの人間ではない。むしろ、重い男だ。義母のことを心から愛しており、若干煙たがられていたのを私は知っている。

それでも、義母にとって、家庭内に突然入ってくる、自分よりも若く、テキパキとよく働き、笑顔を絶やさない女性（つまりプロの介護従事者）は全員敵だった。その敵のなかには、最も信頼すべきケアマネージャーも含まれるようになった（これは今現在も続いている）。そしてやがて、私も仲間入りすることになった。私からするとそもそも敵認定されていたではないかという気持ちもありつつ、それまでの長年のいざこざをすべて放り出し笑顔で義母に差し出した手を思い切り振り払われたような気持ちになった。そして、なんだか女って悲しいなと思った。盗られてしまうと心配し、怒り続ける義母が気の毒だったのだ。『そんな彼なら捨てちゃえば』という本があったが、（心のなかだけでもいいから）捨てちゃえばいいのにねと考えた。当時の義母にとって、義父は絶対に誰にも渡したくない存在だったのだと思う。恋人というよりは、ライフラインとして。野生の勘だったのかもしれない。

浮気妄想の次に出現したのは、見当識障害だ。まず、義父の顔がわからなくなった。あれだけこだわっていた義父なのに、強い浮気妄想が姿を消したあとに起きたのは、毎夜の電話だった。夜になるとわが家の固定電話が鳴り、「知らない男が家のなかにいる。どうしたらいい」と聞かれることになった。「お義母さん、よく確認してみてくださいね。それはきっと、お・と・う・さ・ん」と何度言ったことだろう。すると義母は心の底から驚いたような声で「えッ！」と言い、「ちょっと待っててね」と言い残し、義父の顔を確認しに行く。そしてしばらくして受話器まで戻ってくると、「確かにお父さんでした……」と言うのだった。私は「よかったですね〜」と返して電話を切る。何回やったかわからない。最低でも百回はやっただろう。

次に忘れられてしまったのは、息子である私の夫だ。溺愛とは？と聞かれたら、義母の息子に対する愛情をそれと私は答える。義母は息子を本当に大切にしていた。心から、息子を尊重しつつ、慈しんでいたと思う。しかし、ある日、義母は息子を「おっさん」と呼んだ。私は爆笑を堪《こら》え切れなかったが、そのときの夫の複雑な表情は忘れられない。「お義母さん、大事な息子でしょ」と言うと、義母は取り繕うようにして、「ああ、そうやったわね」と返したが、そのとき義母が息子を思い出すことができていないのは明らかだった。

息子よりも溺愛していた孫たちのことも、徐々に義母の記憶から消えていった。ふたりの顔の判別がつかなくなった。双子で似ているから仕方ないのだが、家族であればふたりの風貌の差は明らかだ。当の息子たちはあっさりしたもので、「ばぁばに忘れられたなあ。

悲しいなあ」と言いつつも、彼女に優しく接することができている。

不思議なことに、私が忘れられることはあまりない。さすがに最近はデイサービスのドライバーさんに間違えられたり、ヘルパーさんに間違えられたりするものの、「お義母さん、私ですよ、わ・た・し！」と言うと、すぐに思い出してくれる。「あらやだ、あなただったの」と言い、不安そうな表情は消えていく。

最近の義母が訴えるのは、主に幻聴や幻覚だ。レビー小体型認知症と診断されているため、よくあることだとはわかっていても、義母の見ている世界があまりにも混沌としているようなので、不安は大きいだろうと思う。ひっきりなしに聞こえてくる誰かの足音、家中のドアから勝手に入ってくる男たち。風呂に入れば窓に男たちの顔がいくつも並んでいるそうだ。そんな生活は、怖くて仕方がないのではないだろうか。私に対しても、そんな魑魅魍魎《ちみもうりょう》たちの存在を訴えては、「私がおかしいのか、それともこの家が呪われているのか」と悩む姿を見せる。一度絵に描いてもらったことがあるのだが、妙に表現力が高く、閲覧注意絵画が誕生していた。

時間の感覚、曜日の感覚、人間関係。そういった、生きていくのに重要な要素が、少しずつ、義母から奪われていく。今までは「介護大変なのよ」とのんきに言っていたが、最近はそうも言えなくなってきた。最近は「介護ヤバすぎ」である。ケアマネージャーには

「次のステップを考えたほうがいい状況だと思います」とも言われている。私もそう思う。あとは、義父と夫が答えを出すだけだ。しかしながら、厳しい状況ではあるけれど、きっと義母はこれからも守られて暮らしていけると思う。家族が揃っている夫の実家をうらやましいと思う。だって、私の実母はとても寂しい最期を迎えたから。

実母の認知症のスタートは、膵臓癌の発症とほぼ同時だった。当然のように、まったく気の回らない娘の私は認知症のスタートにも、母の癌発症にも気づいてはいなかった。正確に書くとすれば、母から聞いてはいたが、はっきりと意味がわからなかった。母が末期の膵臓癌で認知症だと母の通うクリニックから電話がある一年ほど前から、電話での母の様子が（今にして思えば）おかしかった。

ある日突然「私、癌になっちゃった……」と泣きながら電話をしてきて、私を心底怯えさせた母は、翌日になると「癌？　まさか」とそれを否定した。私からすると、なんでそんな下らない嘘をつくのかと思うような状況だった。

別の日には「お腹が痛いから薬は飲んでいるけれど、癌じゃないよ」と言い、そして突拍子もなく「私、自己破産します」と言い出した。「自己破産⁉」と、私は大いに驚いた。どういう意味？　何？　どの借金？　一体何が起きたの？　と矢継ぎ早に質問を投げかける私に母は「兄ちゃんの家の保証人になっているから、自己破産しなくちゃ」と繰り返すだけだった。

「ちょっと待って、どういうこと？　最初から順を追ってしっかり話してくれる？」と言うと、「また明日にする」と母は電話を切った。「またあのふたりのいざこざなのかよ……」。とても落胆して、仕事が手につかなくなったのを覚えている。

それから数週間にわたって、母は自己破産したいから助けてくれと私に言い続けた。これは一度会わないと埒《らち》があかないと思いはじめたときに、母の通うクリニックから電話があったのだ。あなたのお母さんは認知症のうえに、末期の膵臓癌。あなたのお兄さんとも話をしたけれども、彼相手ではどうにもならない。申し訳ないが、こちらまで来てくれないかという内容だった。ここではじめて、私は母が認知症であることをはっきりと理解した。そのうえ、癌ではないと言い張っていた母は、やはり膵臓癌、それも末期ということがわかったのだ。このときの落胆たるや。

クリニック前で待ち合わせし、数年ぶりに会った母は、別人だった。痩せ細り、青い顔をし、うつろな目をしていた。表情が消え、私の記憶に強く残っていた明るい笑顔と美しい口元は、しわとシミで以前の面影など残っていなかった。クリニックの医師と看護師に、なんとなく冷たい視線で見られているような気がして、辛かったことをはっきりと覚えている（実際はとても温かい人たちだった）。

とにかく母を、しっかりとした治療のできる大きな病院に転院させますからとクリニックの院長は言ってくれ、私はそれをお願いした。母と歩いて実家に戻り、ふたりきりで向かい合って、なぜ癌のことをちゃんと伝えてくれなかったのかと聞く私に、母は一枚の名刺を取り出して、ここに電話してと頼んだ。弁護士事務所の番号が書かれていた。「今から自己破産するから、手伝って」。しわだらけになってしまった顔で母は私に懇願した。「だから、なぜ自己破産が必要なの。どういうことなのかちゃんと説明してもらわないと、私だって手伝うことなんてできないよ。そもそも、兄ちゃんはどうしてんの？」と聞くと、「東北に引っ越すんだって」と母は言ったのだった。兄が、認知症で末期癌の母を置いて、全力で逃げ切ろうとしていることを悟った。目の前に座る痩せ衰えた母がとても気の毒になると同時に、なんて親不孝な娘なのだと自分を呪わずにはいられなかった。

久しぶりの再会から数週間で、母はひどく体調を崩した。膵臓癌があっという間に肥大して、胆管を圧迫して黄疸《おうだん》になった。黄疸が進行しないように胆管にステントを入れる処置が転院先の病院で行われた。母はすぐに退院したものの、ひとり暮らしは成り立たなくなり、実家の近所に住む親戚や古い友人たちの助けを得てデイサービスに通いながら、母の孤独な闘病が本格的にはじまった。この時私が何をしていたかというと、母、兄、そして現実から必死に逃げていた。息子たちはまだ小学生だからということを理由に、実家にはめったに戻らず、親戚に頼りっぱなしだった。ごめんなさい、ごめんなさいと繰り返しつつ、変わり果てた母に会うのが怖く、もうすぐ死んでしまうという現実も受け入れがたいものだった。

夜になると不安になる母からかかってくる電話にも、なるべく出ないようにしていた。母の癌がわかった直後に、兄の東北の引っ越し先のアパートの保証人になってくれと頼まれたことも、大きく影響していた。私は親不孝者だと考えると同時に、それにしてもなんて母親なのだ、なんて兄なのだ、許せないとも考えたし、絶対に許さないとも思った。末期癌でも許せない。どう考えても許せない。そう思っていた。今考えてみれば、この時点で、絡まりに絡まっていた関係を、なんとか修復できていればよかった。母が亡くなる前に、少しでも和解しておければよかった。

母の人相はどんどん変わっていった。あの明るく、美しかった人が、一切の輝きを失って、ただただ亡霊のようになった。黄疸が進んで両目に光がなく、動作も緩慢になっていた。実家で再会しても、母は何も言わずに微笑みながら私を見るだけだった。悲しそうな目をして、じっと私を見つめる。長い間、こじれてしまった私との関係に苦しんでいただろう母は、末期癌になり、認知症になってはじめて私を取り戻したと思っただろうか。亡霊のようになった母にただただ見つめられ、私は戦慄した。持っていたノートパソコンを開いて、母の様子を必死に記した。母は私がキーボードを打ち続ける姿を、何も言わずにじっと見ていた。柔らかに微笑みながら。

母の膵臓癌はあっという間に進行し、ついに入院生活がはじまった。腹水が溜まり、お腹が丸く前に突き出した姿で、母はベッドの上にあぐらをかき、鋭い目で私を睨みながら悪態をついた。あんたなんて、これっぽっちも優しくない。あんた、お金持ってるの？あんた、私をこんなところに入れてどうするつもり？　とにかくお金をどうにかして、自己破産させてちょうだい……そんな言葉を弱々しく吐き続け、母は信じられないような力を振り絞って暴れた。とても穏やかで優しかった主治医は、譫妄《せんもう》がはじまっているからお別れはそう遠くありませんと私に言った。そこから母が亡くなるまで、二週間程度だったような記憶がある。奇《く》しくも、母が亡くなった個室は、父が亡くなったときと同じ個室だった。窓からの風景が目に焼きついている。

母の葬儀では、親戚の人たちからねぎらいの言葉をかけられた。あなた本当に大変だったわね、何せひとりでやらなくちゃならないんだから。あなたは子どもの頃から、親とお兄ちゃんで苦労して、本当に可哀想だったわね。もう大丈夫、全部終わったんだから、幸せに暮らしなさいね（全然終わってなかったけどね）。

親戚たちが口々に「お見舞いに行ったら、お金くれって言われちゃった」と言っていたのには参ってしまった。そう言われるたびに胸にナイフが刺さるように辛かった。とある親戚は「あの人、晩年に苦労しちゃったもんね」と言った。別の親戚は「ほら、お金ですごく苦労しちゃったじゃない」と言った。「ベッドのうえで、大声で叫んでいたよ、お金寄こせって」

私を責めるために言っていたのではない。彼らは全員、兄を意識して言っていた。でも、兄が怖くて、そんなことを口にできる人はひとりもいなかった。

そんな兄は、親戚たちから聞く母の病室での様子を「かあちゃん、サイテー！」と笑っていた。そして「おい理子！　なんだこの助六寿司は！　安いもの注文しやがって！　恥をかかせるな！」と大声をあげた。「お前、こんなところで節約すんなよ、どれだけちょろまかしたんだよ、お前！」

「うるせえわ！」と答えた私との間で一触即発の状態になったものの、親戚に「まあまあ、こんなところで揉めなくても」となだめられた。その数日前、死の床にある母に会いにきた兄は、最後の命の炎を燃やし尽くすように、「出ていけ！　こっちに来るな！」と母に言われ、拒絶されていた。そこまで拒絶された兄の、必死の「サイテー！」と、助六寿司批判。母も兄も、どっちも可哀想だなと私は考え、長年の母の悲しみも、苦しみも、痛みも、兄の文句も、どうしようもない性格も、今日、焼き尽くされるといいなと考えるに至った。

母の葬儀が済んで実家に戻ると、そこにあったはずの電化製品が無くなっていた。誰が持ち出したのかは今でもはっきりとはわからないが、きっと兄だっただろう。母の部屋の家具も、ほとんどすべて持ち出されていた。これも誰がやったのかははっきりとはわからない。残っていた母の遺品を整理していると、「理子へ」と書かれたお菓子の空き箱があって、そのなかには母が気に入っていたアクセサリーや、クリップや、消しゴムなどが入っていた。途中まではきっと、私に遺したいものを入れてくれていたのだろう。そのうち認知症が進行し、消しゴム、クリップ、ちびた鉛筆などが交ざるようになっていったようだ。小さな指輪の箱がいくつかあったので、兄に見つかる前にと急いでポケットに入れ、いくつかは叔母に手渡した。すべてを理解した叔母は、何も言わずに頷き、それをそっと手のなかに包み込んだ。素晴らしい連携プレーである。

あの日からずいぶん長い時間が経過した。私の家には、兄の遺骨と母の遺した日記帳が二冊残っている。母の日記帳は、母が入院した直後に私が実家で見つけたもので、これは他人に読まれてはならないと思って、密かに持ち出していた。そこには、兄に対する深い愛情とともに、兄に対する怒濤の資金提供の記録が細かく書き記されている。その金額たるや相当なもので、驚くべきことに、母が資金を提供していたのは兄だけではなく、友人たち数人に対してもそうしていたようだった。

本当は、葬儀のときに母の棺桶に入れるはずだった。「すべてを焼き尽くす」と心のなかで繰り返していたからだ。母の悲しみも、この忌まわしい記録も、母とともに焼き尽くしてしまえばいいと思った。しかし、葬儀でも喧《やかま》しい兄を見て、「もしかして、これは遺しておかないと、この人は反省しないのでは……？」と思い、保管することに決めた。

誰がどう見ても機能不全家族だった私たち。その私たちのすべてを焼き尽くすことができるのは私しかいない。母の日記帳、兄の遺骨を保管している私は、今か今かとそのときを待っている。従姉妹と協力し合って実家の処分をしているが、実家を処分できたときがそのタイミングだろう。もし天国というものがあるのだとしたら、私がそこに行ったとき、父にも、母にも、兄に対しても、胸を張って報告したいと思う。

「私が全部焼き尽くしたからね！」

噂好きとクイーン・オブ・悪口

私は母のことが大好きだったし、死後何年も経過した今でも、母の好きなところばかりが思い出されるが、生前の彼女の行いで、どうしても好きになれないものがあった。それは噂話が好きなところだった。人間だったら間違いなく誰でも噂話が好きなもので、私自身もめっぽう好きだが（ただしオチのあるものに限る）、母の噂好きという性質は、彼女の人生にしっかりと根を下ろしていたし、ほぼノンストップだった。

彼女の人生を考えると、それも仕方がないことだろう。母は生まれ育った町をほとんど出ることなく、駅前の小さな店で、来る日も来る日も、朝の八時からぞろぞろとやってくる長年の常連客と一日を過ごすことに（そして夜はともに飲酒することに）、生涯の大半を費やした。もともと喫茶店だった店を、兄の気まぐれに従ってスナックに改装し、結局経営がうまくいかなくなると、再びある程度の資金をかけて喫茶店に戻した。それほどこだわりがあったのだ。こだわりというか、彼女の人生そのものだったのかもしれない。癌と診断されても、自分の居場所が、彼らの居場所がなくなってしまうことを恐れて、なかなか閉店しようとはしなかった。

母は常連客らとまるで親戚のように付き合っていた。父の死後はほとんど家族のような距離感で付き合っていたと思う。誰彼かまわず実家に招き入れていた。困窮している人がいれば常連客がカンパをしていたし、腹を空かせた人がいれば母はさっと料理をして、いいよ、食べなさいよ、今日は私のおごりだからと食べさせていた。ついでにビールを飲ませることすらあった。店のショーケースには常にチーズケーキが並んでいて、常連客は勝手にそこからケーキを出しては、コーヒーと一緒に楽しんでいた。そして、そこでは終わりのない噂話が繰り広げられていた。

学生の頃、最寄り駅から電車で二十分程度離れた町にある学校に通っていた私は、下校後、母の喫茶店に立ち寄るのが日課になっていた。母の店には、新聞、週刊誌、月刊誌、文芸誌、女性誌、コミックがところ狭しと並んでいた。近所の書店の店主（もちろん長年の常連客）が在庫を管理し、週刊誌などは常に最新号を届け、古いものは引き上げてくれていた。新聞は毎朝届くものを、朝、必ずやってくる常連客が、他の客が読みやすいようにホッチキスで背の部分を留め、畳んで、きれいに並べていた。

そんな「常連客が力を合わせて作り上げた店」に立ち寄り、ショーケースからチーズケーキを勝手に取り出し、母が出してくれる飲み物を飲みながら、週刊誌や月刊誌を何時間も読みふけるのが私の日課だったのだ。午後四時には入店し、少なくとも午後七時ぐらいまで、私は制服を着たまま、店の隅の目立たない場所に母が設置してくれたボックス席に座って、延々と読んでいた。世の中では中学生には読ませることが推奨されないような雑誌も平気な顔をして読んでいた。誰も注意する人などいなかった。私も常連客のひとりのようなものだったのだ（無銭飲食だったが）。

楽しい時間が徐々に耐えがたくなるのは、常連客がカウンターを占領して、一斉に噂話をはじめる夕方すぎの時間だった。誰がはじめるともなく、「そう言えば三丁目の山田さんがね……」とその時間はスタートする。雑誌を一心不乱に読んでいた私も、どうしてもそちらに集中力を奪われる。私からすれば大人の最も下らない部分、大人のずるい部分を見せつけられるようで、とても嫌な時間だった。心の底から下らないなと思っていた。だから、そんな嫌な時間がはじまると、私は彼らに当てつけるようにして雑誌を乱暴にテーブルに置き、「んじゃ、帰るわ」と母に声をかけ、常連客には目もくれずに店を出るのだった。「可愛げのない子だね」「偉そうに」などと常連客が言うのを何度も耳にしたことがある。もちろん、愛情を込めた言い方だったが、思春期の私はそんな言葉にも腹を立て、下らない、まったく大人ってのは下らない生き物だと思い、怒り心頭で祖母の待つ実家に帰ったものだった。

兄は、私が常連客に対して抱く不満を私から直接聞くのを何よりの楽しみにしていた。顔を合わせれば必ず、「何か面白い話ねえのか」と聞いてきた。

「山中のおばちゃんが、テニススクールのかっこいいコーチを好きになったらしいよ。『素敵だわ〜』とか言ってたわ」と私が言うと、兄は腹を抱えて笑い転げた。

「理子、頼む、もう一度言ってくれ！」

「素敵だわ〜！　コーチ、本当に素敵だわ〜……ギャハハハ！！！」

「ワハハハハハ！　服部のじじいは？」

「服部のじじいは、今日も犬を抱えて隅っこに座ってた。奥さんが亡くなって寂しいから、毎日来てるらしいよ。ママは『じじいが毎日来るのが面倒くさい』って言ってたよ、ひどいっしょ」

「ひでえ！　アハハハ！」と、こんな感じだった。私と兄がこうやって言い合うのを聞きながら、祖母もウフフと笑っていた。祖母はこの当時ひどい鬱病で薬が手放せず、いつも青い顔をして、とても神経質に、震える指先で眼鏡を触り続けるような様子をよく見かけたものだったが、私と兄が笑い転げる姿を見るのは大好きだったようだ。だから、私と兄は暗黙の了解で、祖母の前では大げさに話を膨らませ、大げさに笑い合った。

父が亡くなってから、母はより一層、自分の店で時間を過ごすようになった。父が亡くなり、寂しかったこともあっただろう。一年程度続いた父の闘病を、店を経営しながら支え続け、精神的に疲れ切っていたのかもしれない。今になって思えば認知症の初期のような祖母の行動から逃げるように、母は朝の七時になると実家を出て、店に行った。母は私と一緒に食卓にいても、一刻も早く店に行こうと慌てているか、店で聞いたという噂話の延長を私に聞かせるようになっていた。私はそんな母の話にうんざりして、「なぜ普通の話をしてくれないの?」と怒ったこともある。

「店の話なんてどうでもいいんだよ。服部のじじいも山中のおばちゃんも、佐藤さんも、山辺さんもどうでもいい! なんで私の話を聞いてくれないの?」そう怒る私に母は、「また聞くから」と言い、さっさと支度をすると、実家をあとにした。祖母は寂しそうにしているだけだった。私には不満だけが残った。

それからしばらくして私は家を出て京都に引っ越してしまったので、母とゆっくりと語り合った記憶はあまりない。学生時代は週に一度は母から電話があり、近況を伝えてはいた。母は私に気を遣っていたのか、店の常連客たちの様子を話そうとはしなかったが、彼らのうちのひとりでも電話中に店にやってくれば、「ごめんね、お客さんだから」と電話を切った。寂しい気持ちにはなったが、母はそのようにして生きてきたのだし、今も彼女はあの店で常連客たちと密接に関わることで、助けられているのだろうと理解した。

私がどうしても許すことができなかったのが、母と兄が私について面白おかしく噂話をすることだった。兄は私について「気難しい女」「堅物」「無表情」と言うのが好きで、母は私について「他人にも自分にも厳しい娘」と言うのが好きだった。兄は私の（兄からすれば）堅苦しい話し方を揶揄《やゆ》するのが大好きだったし、母もそれに同調した。兄は私に「大学生になったら急に偉そうになった」と言い、母はそれに笑いながら同調した。

「本ばかり読んでるから頭でっかちになったんだ」と兄が言えば、母は「女の子なんだからもっと優しい口調で話さないとモテないよ」などと言った。私が無表情で応じると、兄と母は顔を見合わせて、大笑いした。私には、ふたりのこの連携プレーによる私へのからかいが、何よりも腹立たしかったし、このからかいに直面するたびに、父が死んだことが悲しくてたまらなくなった。父がいれば、このふたりの連携プレーは成立しなかったはずなのだ。というのも、私と父は、行動パターンがそっくりで、父がいればこちらもチームを組むことができる。父も気難しくて堅物だと言われていた。そのうえ、短気なので「瞬間湯沸かし器」とあだ名がついていた。父がいれば、兄と母の連携プレーなど、気にもならなかったはずだ。

母が末期癌だと主治医から電話があり、私が急いで帰省し、母と会い、主治医と会い、入院の手続きを終えて自宅に戻ると、母の看病を放棄してちゃっかり東北に引っ越ししていた兄が私のところに電話をかけてきて、笑いながら「お前は相変わらず冷たい女だそうだな」と言った。「かあちゃんが、『久しぶりに会ったのに大して笑いもせず、さっさと歩いて手続きばかりして、可愛くないったらありゃしない。あれじゃあ、モテないね』って言って大笑いしてたぞ。他人にも自分にも厳しい長女は健在だってさ！　ワハハハ！」と言った。

私は兄の電話を思い切り強く切ると、すぐに母に電話した。

「あんなに必死な思いをして帰って、入院の手続きまでしたのに、どういうこと？　なんで兄ちゃんと一緒になって私の悪口を言うの？　どういう気持ちでいるの？　そんなに私が嫌だったら全部兄ちゃんに頼んだらいいじゃない！」。最後のほうは、涙声になっていたと思う。なぜ母はこうも私を裏切るのかと悲しくて仕方がなかった。あんなに痩せ衰えた姿になり、兄に見捨てられても、それでも兄のほうが好きなのか。そう考えるとやるせなかった。

母は大いに狼狽《うろた》えて、「そんなことは絶対に言っていないし、記憶にない」と弁明した。私は「嘘つき！　今、兄ちゃんから電話があって、全部、話は聞いたよ！　私が行ってもうれしくないんでしょう？　私はもう二度と戻らない。兄ちゃんに助けてもらって。私にはもう電話しないで」と、吐き捨てるように言って、電話を切った。今にして考えてみればすぐにわかる。母はそのときすでに認知症で、記憶がはっきりしていなかった。実際には、私はこの事件のあとも何度も母の病院には通ったが、結局、本当の意味で和解することはなかったし、彼女と心を通わせることができたとは思っていない。育ててくれてありがとうとも、今まで迷惑をかけてごめんなさいとも、言えてはいない。

今の年齢になってみると、母が一日たりとも休まず店に通い、連日、常連客たちとあれやこれやと話をしていた理由がわかる気がする。それが彼女の生き方そのものだったし、それがあの狭い町で生きていく唯一の術だったはずだ。狭い町に長く引き継がれてきた、悪気のない噂話という気軽なエンタメ。ちょっとした遊び。いつもの店の、いつもの笑い。それだけだったはずだ。未熟なばかりに私はその中心にいた彼女を軽蔑し、兄と一緒に私を笑う姿を嫌悪したけれど、それが、母が持っていた唯一の自己表現方法だったと考えれば、もっと広い世界に出してあげられなかった私にも責任の一端はあるとさえ思う。

さて、義母である。義母はクイーン・オブ・悪口だ。噂話というレベルではない。ド直球の悪口を、最も得意とする人である。どうか勘違いしないでほしい。私はここで義母を責めているのではない。むしろ、褒めている。彼女の一貫したストロングスタイルは、敵に回せば確実に死に至ると周囲に思わせるほどの迫力があったし、そしてその迫力は今も健在だ。

まず義母には、出合い頭の事故のような形で、誰に対しても容赦なく浴びせる容姿に関する言及という悪いクセがあった。これは認知症になる前からの彼女の大きな特徴で、誰かを描写するときに、必ず「太っている」「痩せている」「ハゲている」「不細工」など、普通はそんなこと決して言いませんよね？　というような、マイナスの意味合いが込められた枕詞《まくらことば》が添えられる。私も相当な被害者で、どれだけ言われたかわからない。義母は私にはじめて会ったときに、「汚い格好してるわね」と言った。ジーンズにTシャツ姿だった私も悪いが、義母ははっきりそう言ったし、「もう少し痩せたら」とも言った。「そんな体型やったら着物も似合わないから、お稽古事もできひんやないの」と言った。繰り返すが、初対面である。「その格好で、家の周りを歩かないで下さいね。恥ずかしいから」とも言っていた。もうここまでくると、嫁いびりのドラマかなと思う。こう言われたと実母に打ち明けたら、実母は「……厳しい」と、ひとこと言うのが精一杯だった。

少し仲良くなると、今度は自分のお稽古事で出会った知り合いについて、延々と私に悪口を聞かせるようになった。延々と、なのだ。一旦はじまると、最低でも一時間はノンストップで続く。それも毎度、ターゲットはたいがい同じ人で、言う内容もほとんど同じだった。それを、まさに何十回も繰り返す。舌鋒鋭く、聞いても聞いても終わりが見えなかった。食事の席でも、別の話題を無理矢理自分の話題に引っ張りこんでは、最終的に同じ悪口に辿りつく。夫も義父もその場にいるし、ふたりも同じ被害者なのだが、ふたりのうちいずれも「もうそれ聞いた」とは言わないのだ。私からしたら義母を制することができるのは、義父か夫しかいないのに、ふたりは平気な顔でいるのである。私も毎度「もうそれ聞いたわ」と思いつつも、フーンという顔をして我慢を重ねて聞いていた。しかしあまりにも何度も繰り返されるので、とうとう夫に聞いてみた。

「同じ話をあれだけ繰り返されて、よく耐えられるね？」すると夫は、悪びれもせず、「最初から聞いてないもん。右から入って左から出るだけ。まーったく聞いてないねん、俺も親父も。これはもう、昔からやね！」と言って笑っていた。自分の話を一切聞いてもらえず生きてきた義母は、私という異分子の加入で「今度こそ聞いてもらえる」と思い、スイッチが入ってしまっている……というのが夫の分析だった。

私がはじめて義母の姉に会ったときのことだ。姉妹だからだろう、義母の姉も無意識にいろいろと言う人で、私を見た瞬間に、満面の笑みで「どこの馬の骨かわからんような女やって聞いてたけど、可愛いやないの〜」と言った。どこの馬の骨って……と衝撃を受けている私に向かって、「ちょっと！　不細工やって聞いてたから会うのが面倒くさかったけど、そうでもないやない！　普通の子やないの〜」と言っていた。

不細工ではない普通の子……それは褒めているのか、どうなのか。義母の姉はとても優しい人だったが、結局最後まで歯に衣着せぬもの言いで私を驚かせ続けてくれた。

とにかく義母は、誰に会っても私のことを腐しまくっていたようだった。頼んでもいないのに、「この前、お義母さんがあなたのことを……」と告げ口してくれる人は何人もいた。そうであっても、義母が私のことを嫌っていたのかと言えばそうでもなくて、むしろ、私に対して興味を持ち、この娘をどうにかして立派な嫁に育てようと必死になってくれていたはずだ。大いにいじめられたが、心の底から嫌われたことはないと断言できる。

ある日突然車に乗せられたかと思えば、義母のお気に入りのブティックに連れていかれたこともある。当時義母は六十代で、私はちょうど三十歳になったばかり。ものすごくおばあさん向けのブティックに連れていかれたという気持ちしかなかった。両肩にガンダムみたいなパッドが入ったド派手なツーピースと、妙にごつくて白いエナメルのパンプスを買われそうになったこともある。そのときはかろうじて逃げた。

突然、大きなヘアブラシを持ってきて、私の髪を乱暴に梳《と》かしはじめたこともある。「なぜあなたはカーラーで巻いたりしないの？　なんでこんなボサボサな頭で平気なわけ？」と言いつつ、ヘアブラシでごりごりとやられた。そのときもなんとか逃げた。

夫の実家で本を読んでいたら、突然義母に呼ばれ、和室に来なさいと言われたことがある。そこで待ち受けていたのは呉服屋さんだった。どうしても私に着物を着せて、お稽古事に参加させようと、呉服屋さんを実家に呼んで、反物をずらりと並べていたのだ。あまりの強引さに、そのときは、私も我を失った。持っていた本を床に投げつけて、「頼んでませんー！」と大声を出したのだ。その瞬間だった。義母ははっと息を呑んで、両目に涙を浮かべて、「それだったらいいわ」と言って私を解放した。

それから一週間後、義母の親戚の女性から私のところに電話がかかってきた。私より十歳ぐらい上の、とても気さくな女性で、会えば談笑するような関係だった。彼女が、「聞いたで」と言った。

「理子ちゃん、断ったそうやんか」

「断りましたよ。だって強引なんだもん」

「そやろ、あの人は強引なんや。嫌だったら嫌ってはっきり言っていいのよ」

「もう、押しつけられるのはまっぴらごめんです。自分がいいと思うものは、誰にとってもいいって疑わないんだもん、お義母さんは」と答えると、彼女は笑っていた。

「うちの電話がじゃんじゃん鳴ってるわ。まあ、あなたも頑張りなさい。あの人が相手だったら大変だと思うけど、あなただったら大丈夫」。こうやって私は謎の太鼓判を押され、慰められて、それから先、何年も続く義母からの容姿批判と闘うことになった。でも、義母が私を変えようと必死になったのは、着物事件が最後のことだ。

義母の出合い頭の容姿批判の対象は、私だけではない。彼女はとにかく、誰に会っても、挨拶もそこそこに「ちょっと太った？」「ちょっと老けた？」「しわ増えた？」とやっていた。認知症になる前がこのピークで、お稽古事関係で彼女の周辺にいた女性たちはほぼ全員がこの被害に遭っているはずだ。私も近くで見ていてヒヤヒヤしたものだった。義母がいないところでこっそりと謝ったこともある。夫によると、義母は若いときからそのクセがあり、それは彼女だけではなく、彼女の実家の人たち全員が、そうやって冗談（？）を言い合うことで、親交を深めるという伝統があったということだった。その伝統は私が断ち切らせていただこうと思っている。

さて、認知症になってしまった今の義母にこの悪いクセが残っているかというと、当然、バッチリ残っている。被害者はケアマネージャーさん、ヘルパーさん、訪問看護師さん、デイサービスの職員さんといったあたりだろう。先日はヘルパーさんに、「あなた、太った？」とやっていた。ヘルパーさんはむっとして「いいえ」と答えていた。私は慌てて、「すみません……」と言うしかなかった。ヘルパーさんは明るく「大丈夫です、慣れてますから」と言ってくれたが、なんと申し訳ないことか。義母には「お義母さん、容姿のことを口にしちゃ、嫌われちゃいますよ」と伝えておいた。

しかし一番の被害者はやっぱり私で、会うたびに、「また日に焼けたね」「しわ増えたね」「シミ増えたね」と言われるのが、ほぼ挨拶のようになってきた。義母の一生は美白へのこだわりの一生と言ってもいいのだが、価値観の違う私を見るにつけ、ひとこと言いたくてたまらなくなるらしい。認知症になる前の義母は、美容液をずらりと並べ、常にお肌の手入れを欠かさなかった。週末になると草刈機を振り回して不気味に笑っている私の人生とは大いに違うのだ。

「あなた、何歳になったの？　ずいぶんシミがあるようだけれど」と先日言われ、「そう？　シミ増えたかな？」と答えたら、「うん、すごくシミが増えたわよ。それにまた日に焼けたわね？　そんなんじゃ、お嫁に行けないわよ」と言われたのだった。私を何歳だと思っているのだろう。

実母も義母も、認知症になってからも普段のクセは抜けなかった。母は無意識に、兄に私の悪口を言ってしまい私に責められ、義母は今になっても、思ったことをすぐに口に出してしまって介護関係者をイラッとさせている。

とても狭い世界で行き、そこで生き抜く術だったコミュニケーション方法が、噂話と悪口だったふたり。もっと広い世界を知ることができていたら、違う生き方を選択できていたかもしれない。

今は亡き母へ、今、目の前にいる母へ

昨年の夏、故郷の駅前で落ち合った従姉妹ふたりと一緒に、久しぶりに実家を訪れた。私が高校生を卒業するまで暮らしたその家は、港のすぐ近くにある。玄関から左側を見れば、カツオ、マグロの水揚げが盛んな、広大な港がすぐそばに見えている。家の前には川が流れている。考えれば考えるほど、地震が来たら危険な場所だ。この地域の夏休みの一大イベントである海上花火大会は、実家にほど近い漁港が打ち上げ場所だ。この家では、玄関前に椅子を並べるだけで、すべての巨大花火を間近に見ることができた。特等席だった。近所の子どもらと一緒に、巨大花火を見ながら冷えたジュースを飲んだことを思い出す。あの頃は、一応、平和だったなと思う。

そんな家に私は、体が不自由だった叔父（母の弟）、母方の祖母、両親、そして兄と暮らしていた。ほんの数年のことだったが、私の心にいつまでも居座り続けるこの家で起きたできごとの記憶は多い。鬱病を患い、不安定だった祖母。祖母と折り合いが悪く、毎晩、泥酔して戻る父。父と顔を合わせれば言い合いになる兄。それをどうにかして阻止しようとする母。私は関係ないですからと言わんばかりに、部屋に閉じこもる私……。現在、この家に暮らしていた人たちは、私以外、全員亡くなっている。

従姉妹のA子が持ってきてくれた鍵で、磨《す》りガラスが嵌まった木製の玄関戸を開けた。電気もガスも水道も契約を切ってずいぶん経過しているわりには、家のなかの状態は悪くなかった。私もA子も怖がりなので、玄関先で「どうする〜?」と言いつつ躊躇していると、こういうときになぜか力を発揮するもうひとりの従姉妹のB子が、「行くよ!」と言って、勢いよく玄関からなかに入っていった。私はA子と顔を見合わせて、「さすがB子だね」と言った。

母が晩年過ごしていた一階の居間は、ほぼきれいに片付けられていた。これは実家の近くに住むA子が、時折やってきて掃除をしてくれていたからだ。従姉妹だけではない。母の妹である叔母も、様々なメンテナンスをしてくれていたらしい。母の遺品はほとんど残っていなかったが、収集癖のあった母が大量に集めていた古いこけしが、巨大なものから小さいものまで、電気の点《つ》いていない居間に大量に並べられていて、年季の入ったその姿は、こけしというよりは地平線を見つめるモアイのようで、私は不謹慎にも笑ったのだった。なんで無人の家にこけしが？　泥棒が入ってきたら、心臓発作でも起こすんじゃない？

従姉妹ふたりと私で、そろそろと階段を上がって私が使っていた部屋のある二階に行った。実家の建物は、元々、旅館だった。大きな建物ではない。港近くの旅館だから、客は船員が多かったという（日に焼けた男たちが宿泊していたことが、私の記憶にもわずかに残っている）。それも遠洋漁業の巨大船が多く寄港する場所なので、荒くれ者も多少なりともいたと聞いている。そんな多くの船員たちが宿泊していた二階には、六畳間が四室並んでいる。以前は共同の風呂場もあった。私たち家族が引っ越してきたときにはすでに旅館は営んでいなかったが、その名残は各所にあった。トイレに張り出された注意書きとか、部屋のドアに貼られた部屋名などがそれだ。私は、部屋をきれいに改装してくれなければ絶対に行かないと断固主張し、板張りのきれいな六畳間にしてもらい、ようやく納得して引っ越した。何百人という客が宿泊したであろう部屋に住むなんて、どうしても嫌だったのだ。母は祖母を説得して、本当にきれいに改装してくれた。床の間を壊して、そこにアップライトピアノを置いてくれた。テレビ、ステレオ、大きな机。母はとにかく私にすべてを与えてくれた。私は新しい部屋での生活を心から楽しんだ。

数十年ぶりに、その部屋にも入ってみた。真っ暗な部屋に私が使用していたベッドがそのまま置いてあり、その上に、これまた母が収集していたフランス人形が一体置いてあった。その人形は母のお気に入りで、私の部屋に飾ってあったものだ。懐かしくて思わず手に取ると、人形の首が落ちて、コロリと転がった。従姉妹たちと私とで、真っ暗な部屋で声を限りに叫んだ。一旦部屋から退散した我々だったが、私も、そして従姉妹たちも、ここで諦められない理由があった。母だけではなく、実は私も収集癖があり、子どもの頃からわけのわからないものを大量に集めていた。その残骸があるのではと考え、どうしてもクローゼットのなかを確認したかったのだ。従姉妹たちは昔から、私のコレクションが好きだと言っていた。私が一番年上なので、お姉ちゃんの持ち物に憧れる、妹のような感覚なのかもしれない。

怖いもの知らずのB子が、私が使っていた部屋に再び戻り、クローゼットを開けた。するとそこには、古いレコードが数十枚残っていた。すべて私のものだ。B子は「これ、価値があるんじゃないの？　持ち出さなくていいの？」と私に聞いたが、父から譲り受けたレコードをこれから先聴くとは思えず、売却なども面倒で「いらないよ」と答えて部屋をそそくさと出た。でもこれって、解体のときにゴミ扱いになっちゃうよと、従姉妹のどちらかが言ったような気がするが、私にはもう、何も考えることができなくなっていた。なぜなら、私が使っていた部屋の横に、兄の部屋があるからだった。

兄はよく、その畳の部屋に寝転がって、雑誌を読んでいた。部屋のなかには、レコード、本、プラモデル、雑誌が山のように積まれていた。きれい好きだったので物が多い割に部屋は片付いていていて、壁には当時のアイドルのポスターがたくさん貼ってあった。兄の部屋を見てみたい衝動に駆られたが、いいや、見るまいと自分を止めた。兄が小動物を飼っては、飼育を放棄し、そのために私と母が必死に世話をしていたのを思い出したのだ。兄の部屋にいた生き物たちのことを考えたら、到底そこに行く気持ちにはなれなかった。それに、兄の持ち物があったら、持ち帰ってしまいそうになる自分を想像することができた。結局、私と私の家族が暮らした建物の二階には、十五分程度しかいなかった。亡くなって三十年になる父の痕跡のようなものは、まったく残っていなかった。

再び三人で一階に戻った。すると、玄関先に白髪の老婆が立っているではないか！　驚いてよくよく見てみると、隣の家の住人で、私も幼少期から知っている人だった。私たち三人が大声を上げ、笑い転げている声が聞こえてきて、誰かが空き家にやってきたと気づいたのだろう。しきりに、「誰もいなくなってしまって寂しい」と訴えていた。その人もひとり暮らしになっているらしい。以前は大家族だったような記憶があったが、どうなったのだろう。私たちはこの家を壊して更地にするためにやってきているのだとは、なかなか言えなかった。

度胸のあるB子が懐中電灯片手にいろいろな場所に入っていき、大量の写真を見つけてきてくれた。私が幼少期の頃の写真なんて、残っていないだろうと諦めていたが、その大量の写真のなかには、私と両親と兄が仲良く暮らしていた（わずかな）時期の写真もたくさんあった。晩年、母はこの写真を見ていたのだろうか。今、この写真はすべてわが家にあって、私が保管している。従姉妹が捜し出してくれたおかげだ。見返すことはあまりないが、それでも大切な思い出だと考えている。幼少期の兄の姿を目にすると胸が痛んで仕方がなくて、なかなか見ることができない。それでも、私たち家族の時間は確かにあったという証拠として、兄の遺品とともに、わが家の片隅に存在している。

母の死後、私と従姉妹たちとのはじめての共同作業が、母方の祖母が遺し、晩年の母が住んでいたこの家の解体、そして土地の売却なのだ。私よりもずいぶん年下のA子は、「私の子どもたち世代にこの重荷を残したくない」と決意していた。兄の死後、もう何もかもやり切ったと勝手に思っていた私だったが、元気で暮らしているふたりの叔母とその子どもたちだけに何もかも押しつけるわけにはいかないと、ようやく気づいた。こういった作業はみなで力を合わせるのが一番いいのだろう。まだまだ先は長いとは思うが、あの建物が解体され、土地が真っ平らになるその日をとても楽しみにしている。そのときは、従姉妹たちと祝杯を挙げたい。あそこで暮らしたすべての亡き人たちの魂が、解放されることを願って。

先日、年に一度の「サービス担当者会議」が義理の両親の家で開催された。義母と義父の介護に携わる人たちの代表が集まって、これから一年の介護計画を話し合うというものだ。ケアマネージャー、デイサービス担当者、訪問介護サービス担当者、ヘルパーステーション担当者、そして私というメンバーである。事前にケアマネージャーからは、「お義母様の現状の話を多くしたいと思いますので、理子さんだけの出席でいかがでしょうか」と打診されていた。進行がとても速い義母の認知症の話を、義母や義父の前でするのはあまりにも残酷なことだ。そうして下さいと即答した。

担当者会議開催日の一週間程度前から、夫の実家に行き、会議があること、開催時間などをカレンダーに大きな文字で書き込んで、義理の両親には伝えていた。壁にも張り紙をした。義父は当然ながらすぐに理解してくれ、「わしはもう耳がよく聞こえないから参加しないけれど、これからもよろしく頼みますと伝えてくれ」と言ってくれた。

しかし、問題は義母だった。義母は今でもケアマネージャーのことを、あまりよく思っていない。名前が出るたびに顔をしかめて、「私はあの人が嫌いや」と言って憚らない。理由ははっきりしないが、たぶん、浮気妄想に関連していると思う。ケアマネージャーはハキハキとしたタイプの美人で、明るい人なのだ。きっと、義父との関係を疑っているのだ。それは勘違いだと説明しても仕方がないので、義母には「お義父さんとお義母さんの介護に参加している人たちが集まって、少し話をしますからよろしくお願いしますね〜。来年も楽しくなりますよ〜」とだけ伝えておいた。

認知症が進行しているとはいえ、そもそも聡明な義母は、とても察しがいい。「何かが行われること」は理解しているし、それが「自分や夫のこれからに関すること」だともわかっている。自分の周りで、多くのことが変化していること、その動きの中心にどうも嫁がいるということも理解している。この動きを義母があまりよく思っていないことは、私も理解している。もちろん、恐怖心もあるのだと思う。最近ではしきりに私に、「何かがおかしい。どうも、記憶がなくなっているように思えるの。何もかもがぼんやりとしてきて、すごく怖い」と訴えている。

サービス担当者会議の前日に、わが家の電話が鳴った。わが家の電話が鳴るのは、息子が問題を起こしたときと、夫の実家で何か起きたときなのだが、さて、今度はどちらだろうと発信者番号を確認したら、夫の実家だった。電話の主は義母で、声がとても小さく、怯えているような様子だった。もしかしたら、少し泣いていたかもしれない。

「お義母さん、どうしました？」と聞くと、「明日のお客さんだけど、何人なんですか？」と義母は小さな声で聞く。
「明日は、私を入れて五人ぐらいかな」と答えた。すると義母は、「お料理だけど、お父さんが作るの？」と言う。義父が脳梗塞で倒れるまで経営していた、和食料理店にお客さんが来ると勘違いしていることがすぐにわかったので、義母に「お義母さん、明日はお客さんといっても、ごはんを食べにくるんじゃなくて、お話だけなんです。明日の会議は、食べ物はいらないんです。お茶もお菓子も私が全部用意しますから、心配しないでください」と伝えると、義母は安心した様子で「よかったわ。ありがとう。それじゃあ、明日、待ってますね」と言って、ようやく納得して電話を切った。

サービス担当者会議当日、スタート時間の一時間前にペットボトルのお茶やお菓子を抱えて実家に行くと、義母が和室のテーブルをぴかぴかに磨いていた。テーブルの上には、皿や器がたくさん置いてあった。箸が何膳も並んでいる。せっせと働く義母に声をかけると、うれしそうに「あら理子ちゃん、手伝いにきてくれたの？」と言った。ああ、やはり食事客が来ると思って用意してくれていたのかと思い、義母が気の毒になった。

「そうですよ！　お義母さん、お部屋の掃除、ありがとうございます」

「これぐらい、いいのよ！　今日のお客様は何人？」

「私を入れて五人です」

「お料理は揃ってるんですか？　今日はお父さんが作るの？」

「いえ、お義母さん、今日はお食事はなしです。私がお茶とお菓子を持ってきました。今日は会議なんですよ。だから、お食事はいらないので、器とかお皿は私が片付けますね」

「あなた、掛け軸の説明はできる？　ここのお部屋は掛け軸の説明がいるのよ」

「できないです。忘れちゃった。それに、今日は掛け軸の説明はいらないです」

「あのねえ、この掛け軸は……」

義母は一生懸命、私に掛け軸の説明をし続けた。

以前と同じように、和食料理店にお客さんが来ると信じ込んでいる様子だった。当時の記憶は強く残っているのだなと思った。それほど大切なことだったからこそ、義父が仕事中に脳梗塞で倒れたことがショックだったのかもしれない。義母は義父が倒れたその日の夜から、明らかに様子が変化したのだ。

サービス担当者会議に参加する人たちが徐々に集まりはじめた。義父は落ちつかない様子だった。義母は少しだけ怯えたような様子だった。ふたりとも、自分たちのこれからが話し合われることは理解している。義母は私に対して、ひっきりなしに、お料理の準備ができていないと訴えていた。義父はそんな義母を悲しそうに見つめていた。

会議がはじまった。私たちは挨拶もそこそこに、「それではじめさせていただきます」というケアマネージャーの言葉とともに、問題点を出し合っていった。議題にあがったのは、ほぼすべて義母に関することだった。まずはデイサービス担当者が口を開いた。

「以前のお義母様は大変明るく、デイの行事やゲームや運動にも積極的に参加されていました。しかし、ここ数か月で様子は大きく変化しています。デイに来られても、椅子に座ってぼんやりなさっている姿が増えました。同じことの確認を繰り返しておられます。また、入浴時についてなのですが、タオルを手渡して、体を洗って下さいとお願いすると、以前はしっかりと洗うことができていたのですが、最近はそういったことができないようになってきています。洗髪は私たちでお手伝いしないと、できない状況です。それから体重なのですが、徐々に減ってきておられるのが気にかかります。以前は昼食も完食されていましたが、最近は残されることも増えてきています。最も心配なのは、やはり記憶のことでしょうか。同じ話を何度も繰り返されることが多く、正直、認知症の進行がとても速いという印象があります」

次はヘルパーステーションの担当者だった。

「お義母様は、うちのヘルパーとはとても仲良くして下さいまして、業務も円滑に行われていた時期が長かったのですが、ここ数か月でヘルパーの顔を忘れてしまわれるようになっています。ヘルパー曰く、最初の数分間は認識してもらえていないとのことです。ときどき、『誰ですか？』のような質問をされ、そのときの表情が険しいという報告もあります。お義父様に関しては、いつも通り、明るく接して下さっていて助かっているということです。ただ、お義母様に関する悩みをヘルパーに打ち明ける回数が増えていると聞いています。こちらとしては、お義母様の様子も心配ですが、お義父様の精神面でのサポートが必要なのかもしれないと考えております。ヘルパーは、お義父様の悩みを聞いて、できる限り、明るく回答しようと努力していると報告しております」

次にケアマネージャーが口を開いた瞬間だった。襖の向こうから「失礼致します……」という声が聞こえてきた。私が「はーい」と答えると、襖がすーっと開いて、義母が正座して待っている状態だった。「お義母さん、どうしました？」と聞くと、「おミカンをお持ちしました」と静かに言い、お盆に載せたミカンを持ってきてくれた。「うわー、ミカンだ、ありがとうございます」と私が言うと、「あなたでは掛け軸の説明ができないから、私が来ました……」と言いながらススと床の間に移動し、正座すると、くるっと私たちのほうに向き直って、義母ははっきりと、そして落ちついた口調で掛け軸に書かれた文言の意味を説明しはじめた。これは、義母がもっとも得意とするパフォーマンスで、実家が和食料理店だった頃は、義母の毎日の仕事でもあったのだ。ひとしきり説明したあと、義母は「それでは失礼致します……」と静かに言って、部屋を出ていった。

実はこの掛け軸パフォーマンスは、私たち介護チームにとってははじめてのことではない。皆さん慣れたもので、義母が挨拶をして出ていくと、軽く頭を下げて、そしてすぐに議題に戻るのだった。ケアマネージャーは、しばらく今現在の義母の様子と問題点を指摘したあと、ふと、「それにしても、あれだけしっかりなさっていたら、認知症だとわかる人は少ないでしょうね」と、感嘆するように言っていた。私もそう思った。しかしこの日は、掛け軸パフォーマンスが合計三回行われたこともあって、「やっぱり認知症は進行している」という認識は、会議参加者全員が抱いたと思う。

この日の会議で参加者全員の意見が一致したのは、「義母の認知症の進行がとても速い」

ということと、「もっともっと彼女にはケアが必要」ということの二点だった。義父は体調もいいし、認知の状態も悪くはない。しつこいとか、湿度が高い性格だというのは、これはもう致し方ないことなので、介護に関わる側がそれを理解して、受け止めて、付き合っていくしかないという結論になった。頭が下がる。これ以上下げるの無理！　ってほどに頭が下がる。全員が義父に手を焼いているのは明らかだ。

会議の成果としては、義母のデイサービスの回数を増やすことができた。デイサービスに行けば入浴できるし、しっかり水分の補給もできるし、昼食をとることもできる。家にいたら、義父と一緒に昼寝ばかりして、運動することもない。そんな状況を打開すべく、私が義父を説得したのだ。ここまでの道のりの、なんと長かったこと……。

ケアマネージャーが会議の最後に私に聞いた。「理子さん、これから先は、どのようにお考えですか？」。私はしばらく考えたあと、こう答えた。

「これから先は、薄れていく記憶をどうにかして繋ぎ止め、そして一日でも長く住み慣れたこの家で暮らしていけるよう、努力をしていきたいです。でも、それが無理になってきたときのことを考えて、早めに対策をしていきたいです」

今まで、本当に長い時間を義母と過ごしてきた。最初の頃は「そこまでやるか」と思う程度にいじめられたりしたものだが、今となってはそんなことも笑い話になりつつある(すべてを笑えるわけではない)。今の義母は、しがらみやプライドをすべて削ぎ落とした、ひとりの年老いた女性だ。こんなにも素直で、明るく、責任感があり、優しい人を私がどうして嫌うことができるだろう。義母に会うたびに、なぜ実母に同じことができなかったのかと悲しい気持ちになる。できることなら、同じようにしてあげたかったし、何より、生きていてほしかった。今だったら、実母にしてあげられることがたくさんある。成長した息子たちを会わせることができる。旅行にだって連れていってあげられたかもしれない。しかし、そんなことはたった一度もしてあげることができなかった。だからこそ、目の前にいるもうひとりの母を、最後まで見つめていこうと考えている。

村井理子（むらい りこ）

翻訳家、エッセイスト。1970年静岡県生まれ。琵琶湖畔に、夫、双子の息子、ラブラドール・レトリーバーのハリーとともに暮らしながら、雑誌、ウェブ、新聞などに寄稿。主な著書に『兄の終い』『全員悪人』『いらねえけどありがとう　いつも何かに追われ、誰かのためにへとへとの私たちが救われる技術』（CCCメディアハウス）、『犬ニモマケズ』『犬《きみ》がいるから』『ハリー、大きな幸せ』『家族』『はやく一人になりたい！』（亜紀書房）、『村井さんちの生活』（新潮社）、『村井さんちのぎゅうぎゅう焼き』（KADOKAWA）、『ブッシュ妄言録』（二見書房）、『更年期障害だと思ってたら重病だった話』（中央公論新社）、『本を読んだら散歩に行こう』（集英社）、『ふたご母戦記』（朝日新聞出版）など。主な訳書に『ダメ女たちの人生を変えた奇跡の料理教室』（きこ書房）、『ゼロからトースターを作ってみた結果』『人間をお休みしてヤギになってみた結果』（新潮文庫）、『捕食者　全米を震撼させた、待ち伏せする連続殺人鬼』『消えた冒険家』（亜紀書房）、『エデュケーション　大学は私の人生を変えた』（ハヤカワ文庫）、『射精責任』（太田出版）など。

エックス@ Riko_Murai
ブログ https://rikomurai.com

初出
集英社ノンフィクション編集部公式サイト「よみタイ」(2022年7月〜2023年8月)
単行本化にあたり、加筆修正しました。

実母《じつぼ》と義母《ぎぼ》

2023年 10月10日　第1刷発行

著　者　村井理子《むらいりこ》
発行者　樋口尚也
発行所　株式会社 集英社
〒101-8050　東京都千代田区一ツ橋2-5-10
電話　03-3230-6143(編集部)
03-3230-6080(読者係)
03-3230-6393(販売部)書店専用

印刷所　大日本印刷株式会社
製本所　加藤製本株式会社

定価はカバーに表示してあります。

ISBN978-4-08-788094-6 C0095